질문으로 시작하는 초등 한국사 활동책

동굴 시대부터 현대 사회까지

한국역사교육학회 글 | 송진욱·오승만 그림

북멘토

이 책을 활용하는 법

상상하고 쓰고 말하며 역사를 탐구해요

이 책은 『질문으로 시작하는 초등 한국사 1·2』 속의 재미있는 활동들을 한 권으로 엮은 활동책이에요. 자신의 역사를 써 보는 활동을 시작으로 한국사의 주요 장면을 상상하고, 쓰고, 말하며 즐겁게 활동해 보세요. 증거를 가지고 상상하며 역사를 주체적으로 학습하고 참여하는 이 활동들은 직접 몸으로 배우는 살아 있는 역사 수업이 될 거예요.

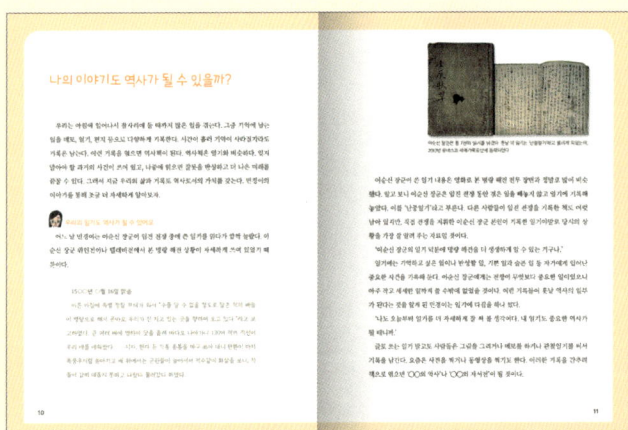

나의 이야기도 역사가 될 수 있을까?

자신의 이야기를 써 보며 고루하고 딱딱하게 느꼈던 '역사'를 가깝게 느껴 보세요. 이 활동을 통해 개인의 이야기가 모여 역사라는 긴 강줄기를 이룬다는 사실을 알 수 있을 거예요.

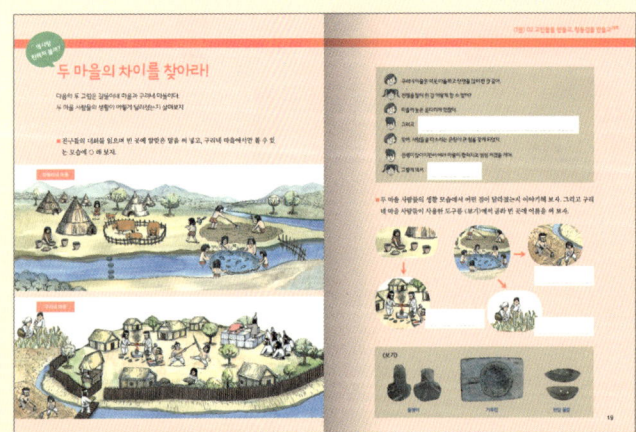

역사랑 친해져 볼까?

주제와 관련된 탐구 활동 코너예요. 한 주제에 활동 하나씩을 선정해 유물이나 유적 등을 보면서 상상하여 쓰고 말하고 즐겁게 활동해 보도록 구성했어요. 빈 곳에 여러분의 생각을 채워 보세요.

역사 속으로 떠나 볼까?

역사적 장소에서 직접 체험하는 활동 코너예요. 여러분이 쉽게 따라 할 수 있는 활동과 지도를 제시했어요. 직접 활동해 보고 기록하며 역사를 깊이 탐구해 보세요. 각 시대를 대표하는 장소를 찾아가 활동한 내용을 써 보세요.

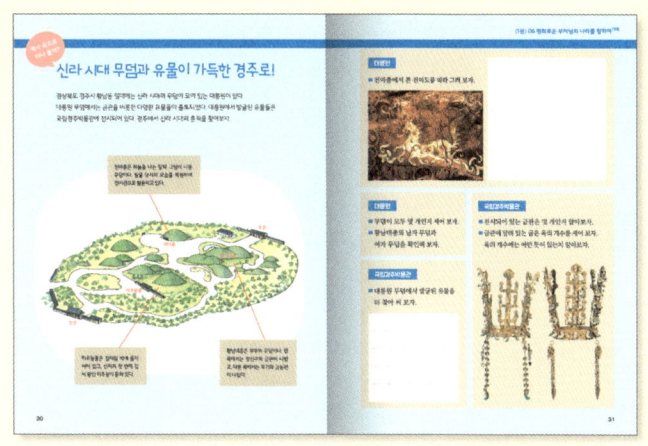

역사의 강을 따라가 볼까?

과거에서부터 흘러 온 역사의 강줄기를 따라가며 어떤 일이 있었는지, 어떤 사람이 살았는지 되짚어 보는 활동이에요. 미래의 역사까지 상상하면서 기나긴 역사 여행에 마침표를 찍어 보세요.

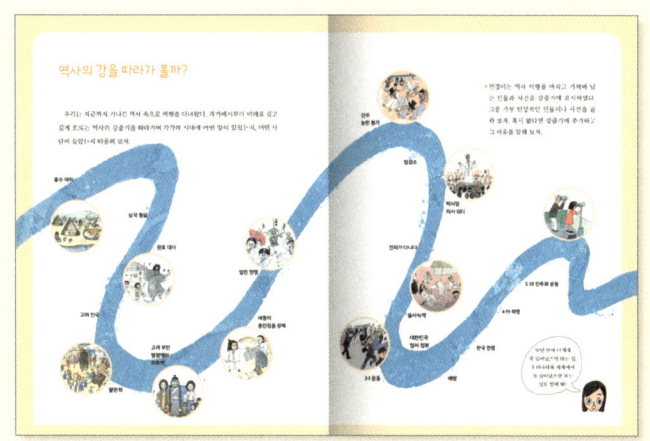

한눈으로 보는 한국사 연표

한국사를 한눈에 살펴볼 수 있도록 연표를 수록했어요. 『질문으로 시작하는 초등 한국사 1·2』와 연계된 내용에는 수록된 책의 쪽수를 적어 두었어요. 연표와 책을 함께 보며 각 시대별로 어떤 일이 있었는지 한국사의 흐름을 읽어 보세요.

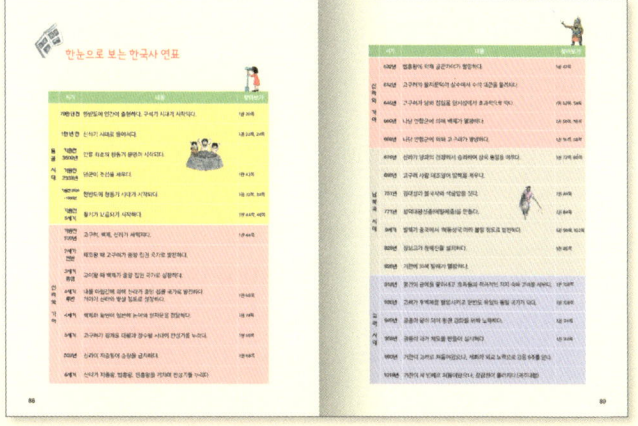

차례

이 책을 활용하는 방법 2
나의 이야기도 역사가 될 수 있을까? 8

동굴 시대부터 조선 전기까지

01 돌 도구로 사냥하고, 농사도 짓고
역사랑 친해져 볼까? | 어디에 쓰던 물건일까? 16

02 고인돌을 만들고, 청동검을 만들고
역사랑 친해져 볼까? | 두 마을의 차이를 찾아라! 18
역사 속으로 떠나 볼까? | 다양한 고인돌이 모여 있는 고창으로! 20

03 첫 나라 고조선의 탄생
역사랑 친해져 볼까? | 왕들이 알에서 태어났다고? 22

04 산성은 더 높게, 절은 더 크게
역사랑 친해져 볼까? | 부처님, 제 소원을 들어주세요! 24

05 타고난 신분이 능력보다 중요해
역사랑 친해져 볼까? | 벽화에서 '나'를 찾아봐! 26

06 평화로운 부처님의 나라를 향하여
역사랑 친해져 볼까? | 닮은꼴을 찾아라! 28
역사 속으로 떠나 볼까? | 신라 시대 무덤과 유물이 가득한 경주로! 30

07 발해가 만든 평화의 길을 따라서
역사랑 친해져 볼까? | 발해의 길은 어디로 이어졌을까? 32

08 활기차고 개방적인 고려 사람들
역사랑 친해져 볼까? | 고려 사람들에게 한 걸음 다가서기 34

09 고려 사람들이 꿈꾼 나라
역사랑 친해져 볼까? | 어린이 기자, 고려에 가다! 36
역사 속으로 떠나 볼까? | 불교문화의 특징을 찾아서 평창으로! 38

10 몽골과 싸우며 세계와 만나다
역사랑 친해져 볼까? | 목화의 비밀을 찾아라! 40

11 한글이 알려 주는 조선의 모습
역사랑 친해져 볼까? | 조선 시대의 왕은 어떤 일을 했을까? 42

12 농사짓는 사람, 글공부하는 사람, 시중드는 사람
역사랑 친해져 볼까? | 조선 시대의 승경도 놀이 44
역사 속으로 떠나 볼까? | 퇴계 이황의 가르침을 찾아 안동으로! 46

13 조선을 뒤흔든 전쟁 속으로
역사랑 친해져 볼까? | 사라진 도자기 기술자를 찾아라! 48

조선 후기부터 현대 사회까지

01 장이 서는 날을 기다리는 사람들
역사랑 친해져 볼까? | 수복이의 장터 체험 52
역사 속으로 떠나 볼까? | '안성맞춤'이라는 말이 생겨난 안성으로! 54

02 노비도 양반이 될 수 있는 세상
역사랑 친해져 볼까? | 그림으로 엿보는 옛 사람들의 생각과 삶 56

03 조선 사람들, 새로운 세상을 꿈꾸다
역사랑 친해져 볼까? | 평민에게서 배운 정약전 58

04 서양을 만난 조선 사람들
역사랑 친해져 볼까? | 이것은 무엇일까? 60
역사 속으로 떠나 볼까? | 우리나라 최초의 철도가 놓인 인천으로! 62

05 새로운 조선을 향해 한 발 앞으로
역사랑 친해져 볼까? | 국경일은 언제 생겼고, 어떻게 달라졌을까? 64

06 기울어 가는 나라를 지키는 사람들
역사랑 친해져 볼까? | 우리가 돈을 모아 나랏빚을 갚자! 66

07 식민지 조선의 고달픈 어린이들
역사랑 친해져 볼까? | 조선 총독부가 금지한 놀이를 찾아라! 68

08 독립의 꿈을 키우는 사람들
역사랑 친해져 볼까? | 지도에서 이곳을 찾아라! 70
역사 속으로 떠나 볼까? | 독립운동의 발자취를 따라 만주와 상하이로! 72

09 전쟁터로 내몰린 사람들
역사랑 친해져 볼까? | 할머니가 그림으로 말하고 싶은 것은? 74

10 우리 가족이 겪은 역사적 사건
역사랑 친해져 볼까? | 누가 겪은 일일까? 사진의 주인을 찾아라! 76

11 모두가 함께 일궈 낸 민주주의
역사랑 친해져 볼까? | 우리나라 민주주의 역사를 추적하라! 78
역사 속으로 떠나 볼까? | 5월의 축제가 열리는 민주화의 고장 광주로! 80

12 서로의 차이를 넘어, 함께 여는 우리의 미래
역사랑 친해져 볼까? | 가족 신문을 완성하라! 82

역사의 강을 따라가 볼까? 84
한눈으로 보는 한국사 연표 88
정답 94
사진 출처 105

나의 이야기도 역사가 될 수 있을까?

우리는 아침에 일어나서 잠자리에 들 때까지 많은 일을 겪는다. 그중 기억에 남는 일을 메모, 일기, 편지 등으로 다양하게 기록한다. 시간이 흘러 기억이 사라질지라도 기록은 남는다. 이런 기록을 엮으면 역사책이 된다. 역사책은 일기와 비슷하다. 잊지 말아야 할 과거의 사건이 쓰여 있고, 나중에 읽으면 잘못을 반성하고 더 나은 미래를 꿈꿀 수 있다. 그래서 지금 우리의 삶과 기록도 역사로서의 가치를 갖는다. 민경이의 이야기를 통해 조금 더 자세하게 알아보자.

 우리의 일기도 역사가 될 수 있어요

어느 날 민경이는 이순신 장군이 임진 전쟁 중에 쓴 일기를 읽다가 깜짝 놀랐다. 이순신 장군 위인전이나 텔레비전에서 본 명량 해전 상황이 자세하게 쓰여 있었기 때문이다.

> 15○○년 ○월 16일 맑음
>
> 이른 아침에 특별 정찰 부대가 와서 "수를 알 수 없을 정도로 많은 적의 배들이 명량으로 해서 곧바로 우리가 진 치고 있는 곳을 향하여 오고 있다."라고 보고하였다. 곧 여러 배에 명하여 닻을 올려 바다로 나아가니 130여 척의 적선이 우리 배를 에워쌌다. ……지자, 현자 등 각종 총통을 마구 쏘아 대니 탄환이 마치 폭풍우처럼 쏟아지고 배 위에서는 군관들이 늘어서서 억수같이 화살을 쏘니, 적들이 감히 대들지 못하고 나왔다 물러갔다 하였다.

이순신 장군은 총 7권의 일기를 남겼다. 훗날 이 일기는 '난중일기'라고 불리게 되었는데, 2013년 유네스코 세계기록유산에 등재되었다.

　이순신 장군이 쓴 일기 내용은 영화로 본 명량 해전 전투 장면과 정말로 많이 비슷했다. 알고 보니 이순신 장군은 임진 전쟁 동안 겪은 일을 빼놓지 않고 일기에 기록해 놓았다. 이를 '난중일기'라고 부른다. 다른 사람들이 임진 전쟁을 기록한 책도 여럿 남아 있지만, 직접 전쟁을 지휘한 이순신 장군 본인이 기록한 일기야말로 당시의 상황을 가장 잘 알려 주는 자료일 것이다.

　'이순신 장군의 일기 덕분에 명량 해전을 더 생생하게 알 수 있는 거구나.'

　일기에는 기억하고 싶은 일이나 반성할 일, 기쁜 일과 슬픈 일 등 자기에게 일어난 중요한 사건을 기록해 둔다. 이순신 장군에게는 전쟁이 무엇보다 중요한 일이었으니 아주 작고 세세한 일까지 쓸 수밖에 없었을 것이다. 이런 기록들이 훗날 역사의 일부가 된다는 것을 알게 된 민경이는 일기에 다짐을 하나 썼다.

　'나도 오늘부터 일기를 더 자세하게 잘 써 볼 생각이다. 내 일기도 중요한 역사가 될 테니까.'

　글로 쓰는 일기 말고도 사람들은 그림을 그리거나 메모를 하거나 관찰일기를 써서 기록을 남긴다. 요즘은 사진을 찍거나 동영상을 찍기도 한다. 이러한 기록을 간추려 책으로 엮으면 '○○의 역사'나 '○○의 자서전'이 될 것이다.

모든 사람에게는 각자의 역사가 있다. 개인이 살아온 이야기를 담으면 개인사, 가족의 이야기를 담으면 가족사, 마을 사람들이 살아온 이야기를 담으면 마을의 역사가 된다. 우리나라 사람들이 살아온 이야기는 우리나라의 역사인 한국사가 된다. 그러므로 내가 살아온 이야기는 나의 개인사이자 가족사, 우리나라 역사의 한 부분이다.

 누구나 역사의 주인공이 될 수 있어요

　민경이는 가족이 주인공인 역사를 쓴다면 어떨지 궁금했다. 그래서 '외할머니의 역사'를 쓰기로 마음먹고 외할머니에게 어릴 때부터 지금까지 살아온 이야기를 들려 달라고 했다. 이야기를 듣는 동안 잘 모르는 사건이나 궁금한 내용은 따로 찾아보기 위해 메모했다.

　그리고 과거와 오늘날의 우리나라가 어떻게 달라졌는지 알아보기 위해 자료를 모았다. 먼저 외할머니가 갖고 계신 옛날 사진첩, 월급봉투, 편지를 건네 받았다. 한국전쟁이나 가발 공장 같은 내용은 인터넷 검색을 하고 도서관에서 책을 찾아보았다. 그리고 그래프에 할머니가 겪은 중요한 사건을 시간 순서대로 기록했다.

　　김영순 할머니의 역사

　　우리 할머니는 1950년 6월 경기도의 한 농촌 마을에서 태어났다. 할머니가 태어나자마자 한국전쟁이 터졌다. 아기였기 때문에 전쟁에 대한 기억은 전혀 없다. 할머니의 가족은 전쟁의 영향으로 정말 가난하고 배고프게 살았다. 매년 봄마다 보리가 익기 전까지는 정말 먹을 게 없어서 산으로 들로 먹을 것을 찾아다녔다.

　　외할머니는 가난 때문에 학교도 제대로 못 다니고, 열다섯 살에 서울에 있는 가발 공장에 취직했다. 한 달 내내 일하고 월급봉투를 받을 때가 가장 기뻤는

옛날 앨범 개인과 가족에게 중요한 사건들의 기록이자 추억이 담겨 있다.

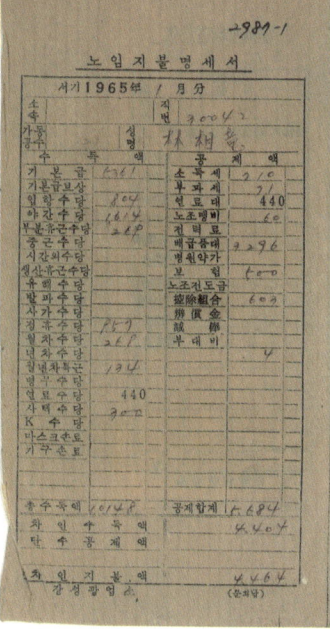

1960년대 월급봉투 월급날이 되면 봉투에 현금을 넣어서 주었다.

데, 그 월급을 거의 다 집으로 보냈다. 외할머니의 오빠와 남동생은 그 돈으로 학비를 내고 공부를 했다.

1970년에는 할아버지를 만나 결혼을 했다. 그 시대는…….

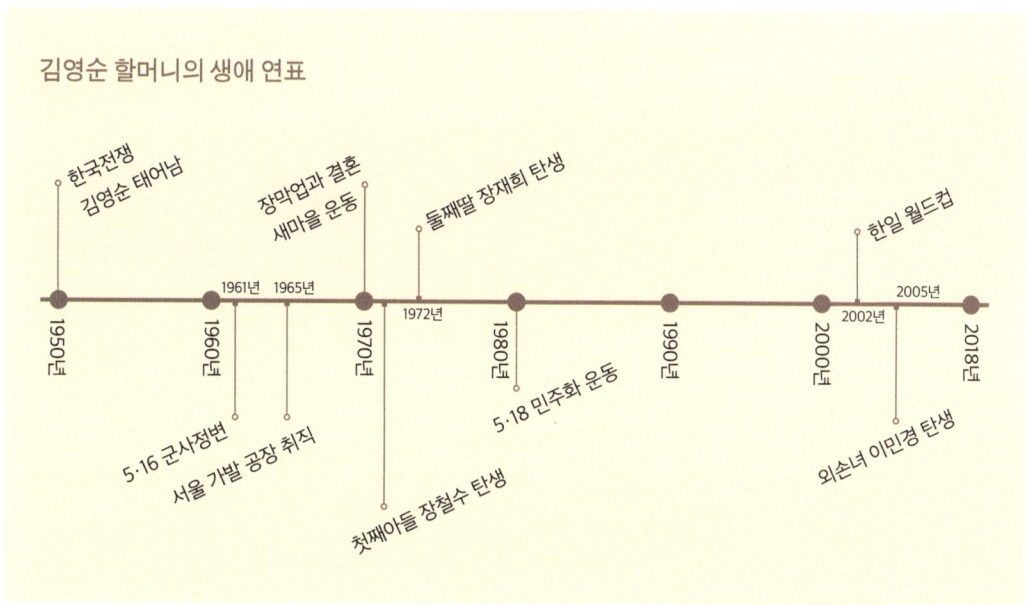

민경이는 자료를 모아 외할머니의 역사를 쓰면서, 평범한 사람들의 삶에는 크고 작은 사건들이 큰 영향을 끼친다는 것을 알게 되었다. 그래서 누구나 역사의 주인공이 될 수 있고, 개인의 이야기(일기)와 그 당시의 사건이나 사진 같은 자료를 엮어서 기록하면 우리나라 역사의 일부가 될 수 있겠다고 생각했다.

 내가 주인공인 역사를 써 보아요

우리 모두는 역사의 당당한 주인공이다. 민경이가 외할머니의 역사를 쓴 것처럼 내가 주인공인 '나의 역사'를 써 보자.

■ 아래 물음에 답하며 내가 겪은 일을 말해 보자. 그리고 '나'를 인터뷰하기 위한 질문을 만들고 말해 보자.

- 언제 어디에서 태어났나요?
- 유치원에서 가장 친했던 친구 이름은 무엇인가요?
-
-

■ 〈보기〉를 참고하여 '나의 역사'에 들어갈 사진이나 일기 같은 기록할 만한 물건을 찾고, 중요한 일을 써 보자.

〈보기〉
- 부모님께서 찍어 주신 유치원 학예회 사진 • 학교생활을 기록한 생활통지표와 상장
- 어릴 때 입었던 옷이나 좋아했던 장난감 같은 물건 • 친구들과 찍은 사진이나 동영상 자료

- 찾은 자료는

- '나의 역사'에 들어갈 중요한 일은

■ 위의 자료들을 바탕으로 '나의 역사'를 써 보자.

동굴 시대부터 조선 전기까지

어디에 쓰던 물건일까?

옛 사람들은 글로 된 기록을 남기지 못했다. 그래서 고고학자들은 그들이 남긴 흔적으로 당시의 생활 모습을 연구한다.

■ 옛 사람들이 남긴 유물과 유적의 모양을 보고, 이름과 쓰임새를 연결해 보자.

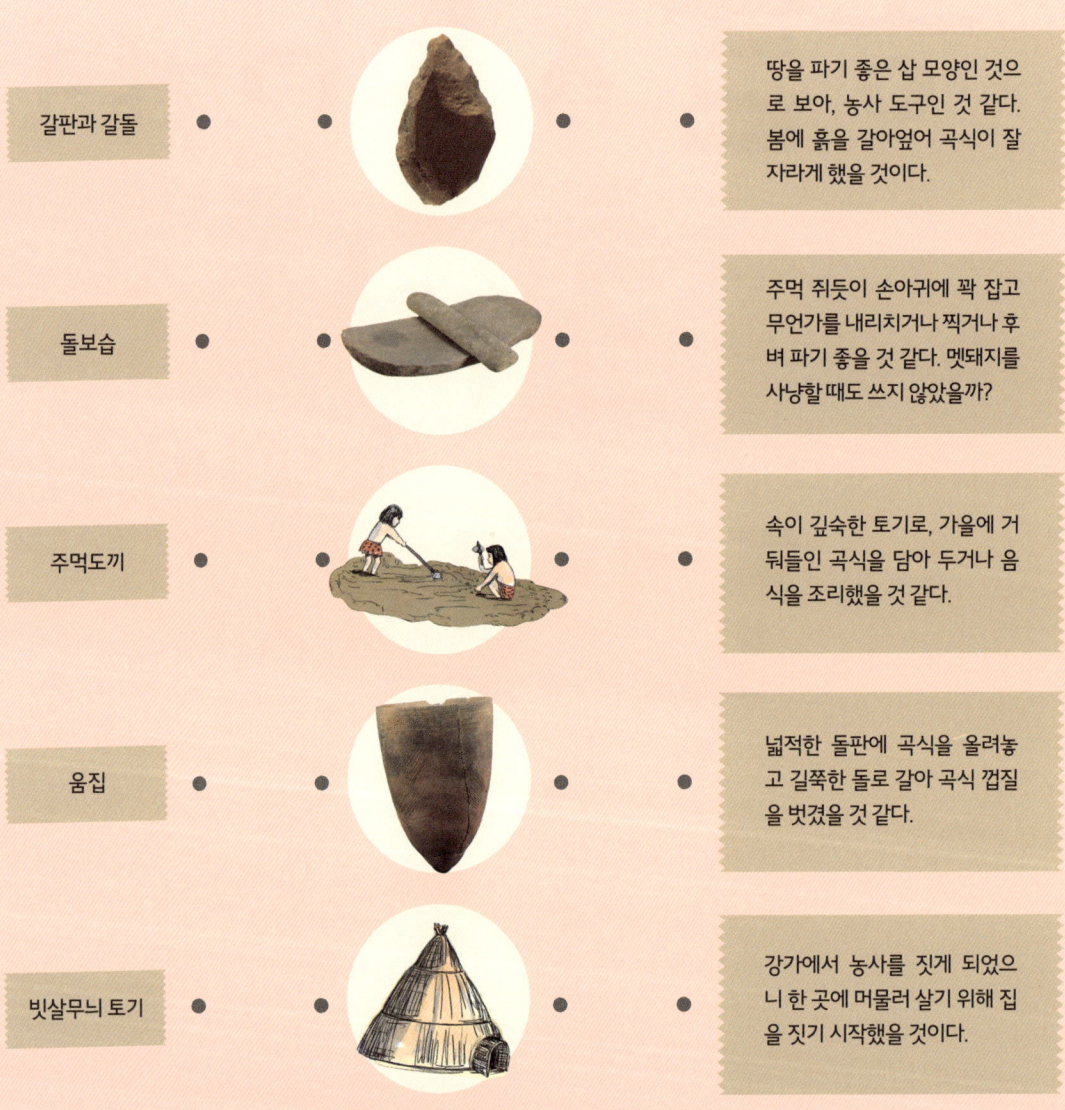

갈판과 갈돌 — 땅을 파기 좋은 삽 모양인 것으로 보아, 농사 도구인 것 같다. 봄에 흙을 갈아엎어 곡식이 잘 자라게 했을 것이다.

돌보습 — 주먹 쥐듯이 손아귀에 꽉 잡고 무언가를 내리치거나 찍거나 후벼 파기 좋을 것 같다. 멧돼지를 사냥할 때도 쓰지 않았을까?

주먹도끼 — 속이 깊숙한 토기로, 가을에 거둬들인 곡식을 담아 두거나 음식을 조리했을 것 같다.

움집 — 넓적한 돌판에 곡식을 올려놓고 길쭉한 돌로 갈아 곡식 껍질을 벗겼을 것 같다.

빗살무늬 토기 — 강가에서 농사를 짓게 되었으니 한 곳에 머물러 살기 위해 집을 짓기 시작했을 것이다.

〈1권〉 01 돌 도구로 사냥하고, 농사도 짓고 17쪽

■ 부산 동삼동 조개더미에서 나온 사람 얼굴 모양 조개껍데기이다. 옛 사람들은 이걸로 무엇을 했을까? 나라면 무엇을 했을지 상상해 보고, 친구들과 이야기해 보자.

나라면

역사랑 친해져 볼까?

두 마을의 차이를 찾아라!

다음의 두 그림은 갈돌이네 마을과 구리네 마을이다.
두 마을 사람들의 생활이 어떻게 달라졌는지 살펴보자.

■ 친구들의 대화를 읽으며 빈 곳에 알맞은 말을 써 넣고, 구리네 마을에서만 볼 수 있는 모습에 ○ 해 보자.

갈돌이네 마을

구리네 마을

<1권> 02 고인돌을 만들고, 청동검을 만들고 29쪽

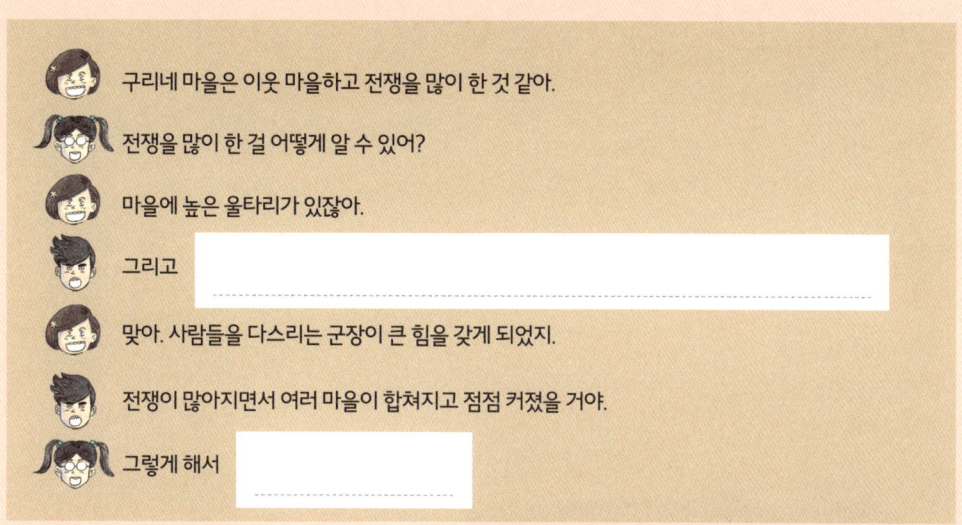

구리네 마을은 이웃 마을하고 전쟁을 많이 한 것 같아.

전쟁을 많이 한 걸 어떻게 알 수 있어?

마을에 높은 울타리가 있잖아.

그리고 _____

맞아. 사람들을 다스리는 군장이 큰 힘을 갖게 되었지.

전쟁이 많아지면서 여러 마을이 합쳐지고 점점 커졌을 거야.

그렇게 해서 _____

■ 두 마을 사람들의 생활 모습에서 어떤 점이 달라졌는지 이야기해 보자. 그리고 구리네 마을 사람들이 사용한 도구를 〈보기〉에서 골라 빈 곳에 이름을 써 보자.

〈보기〉

돌괭이   거푸집   반달 돌칼

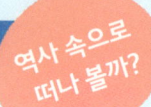

다양한 고인돌이 모여 있는 고창으로!

고인돌 체험마당에서는 고인돌을 직접 옮겨 볼 수 있고, 코스별 고인돌 유적지와 고인돌 박물관에서 선사 시대 사람들의 생활 모습을 느낄 수 있다. 고창 고인돌 공원에 찾아가 보자.

제3코스는 가장 넓은 공간이고, 여러 가지 모양의 고인돌이 모여 있다.

고창 고인돌 공원은 코스가 6개이다. 코스마다 고인돌의 모양이 다르다. 제1코스부터 차례로 가 보자.

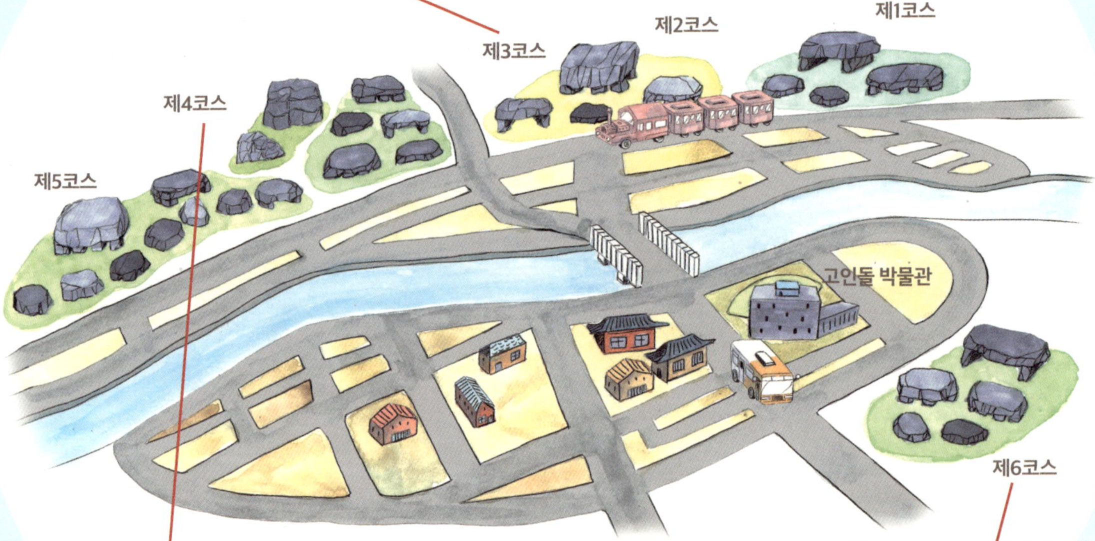

제4코스 뒤에 산이 있는데, 거기서 굴러온 돌이나 직접 캔 돌로 고인돌을 만들었다. 가장 큰 돌은 1,200명이 운반해야 할 정도였다고 한다.

제6코스는 걷기엔 멀어서 고인돌 열차를 이용하면 편하다. 이곳에는 집처럼 생긴 약 2미터 높이의 탁자 모양 고인돌이 있다.

제1코스

- 고인돌마다 굄돌의 개수가 다르다. 모양이 다른 고인돌을 찾고, 다리 개수를 써 보자.

제3코스

- 최대한 고인돌이 많이 나오도록 사진을 찍어 보자.

제2코스

- 가장 큰 돌을 찾아서 팔둘레나 발걸음 등으로 크기를 재어 보자.

제5코스

- 줄지어 놓인 고인돌을 찾아보고, 왜 그렇게 놓여 있을지 상상해 보자.

> 역사랑 친해져 볼까?

왕들이 알에서 태어났다고?

고구려의 고주몽, 신라의 박혁거세, 가야의 김수로에게는 공통점이 있다. 첫째 모두 나라를 세웠다는 점, 둘째 알에서 태어났다는 설화가 전해진다는 점!

■ 세 왕이 들려주는 이야기를 들어 보자.

나로 말할 것 같으면 아버지는 하늘에서 내려온 해모수, 어머니는 물의 신 하백의 딸 유화예요. 어머니가 알을 낳자 부여 왕이 내다버렸는데, 동물들이 보호해 주었대요. 알에서 나온 나는 고구려를 세우고 동명왕이 되었어요.

고주몽

전 부모님을 모릅니다. 사로6촌 촌장들이 산기슭 우물가에서 흰 말이 무릎을 꿇고 우는 것을 봤다고 합니다. 말이 하늘로 날아간 자리에 알이 하나 있어서 깨 보았더니, 내가 나왔다더군요.

박혁거세

사람들이 구지봉 근처에 모여서 왕을 보내 달라고 춤추고 노래를 했대요. 이때 하늘에서 내려 준 상자에 알 여섯 개가 있었는데, 알을 깨고 가장 먼저 나온 사람이 나예요. 나는 금관가야의 왕이 되었어요.

김수로

■ 다음은 세 왕이 태어나던 모습을 그린 우표이다. 빈 곳에 알맞은 왕의 이름을 써 보자.

■ 옛 사람들은 나라를 세운 왕이 왜 알에서 태어났다고 믿었을까? 친구들의 이야기를 읽고 내 생각도 말해 보자.

 왕은 보통 사람하고는 다르고 훌륭하니까, 태어날 때도 뭔가 달랐을 거라고 생각한 것 같아. 신기하잖아, 알에서 나왔다니!

 알은 새가 낳잖아? 하늘도 날고, 땅에도 내려앉는 새! 하늘과 땅을 연결하는 동물이니까 왕이 새처럼 하늘의 뜻을 전한다고 생각하지 않았을까?

 알은 둥글게 생겼잖아. 둥근 알에서 태어난 왕이 사람들끼리 다투거나 문제가 생겼을 때, 어느 한쪽 편을 들지 않고 잘 해결해 주기를 바란 것 같아.

> 역사랑 친해져 볼까?

부처님, 제 소원을 들어주세요!

고구려, 백제, 신라가 산성을 쌓고 경쟁하는 동안, 불교가 중국을 거쳐 전래되었다. 불교를 세운 석가모니는 세상 사람들이 온갖 고통을 이겨 내고 마음의 평화를 찾기를 희망했다. 세 나라 사람들은 삶이 고달프고 힘들 때 부처님을 찾아가 소원을 빌었다.

■ 부처님의 손 모양에 어떤 의미가 있는지 알아보자. 부처님의 미소와 손 모양을 따라 해 보고, 세 나라 사람들이 어떤 소원을 빌었을지 생각해 보자.

경주 남산 용장사지 마애여래좌상

허리 아파서 오래는 못 하겠네요.

항마촉지인. 지하 세계에서 나를 나쁜 길로 유혹하는 온갖 마귀를 눌러 이기고, 마침내 깨달음을 얻었다는 손 모양이란다.

석가모니불, 석가모니 부처님, 석가여래는 모두 같은 뜻이래.

농사 잘 되는 한강 쪽으로 이사 가고 싶어요.

부처님과 저는 이제 한 몸이에요.

지권인. 너희 같은 중생과 부처인 내가 둘이 아닌 하나라는 뜻이지. 나를 따르면 지혜를 얻을 수 있단다.

대구 팔공산 비로암 비로자나불좌상

<1권> 04 산성은 더 높게, 절은 더 크게 51쪽

똑같이 했죠?

시무외인과 여원인. 위로 든 손은 두려워하지 말라는 뜻이고, 아래로 향한 손은 소원을 들어준다는 뜻이란다.

신라 아가씨와 결혼을…!

서산 마애여래삼존상 중 가운데 부처님

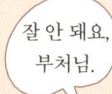
잘 안 돼요, 부처님.

왼손에 약단지를 들고 있는 나는 약사불이란다. 몸과 마음의 모든 병, 세상의 모든 병을 고칠 수 있는 약을 가지고 있지.

제발, 전쟁이 안 일어나게 해 주세요.

청양 장곡사 금동약사여래좌상

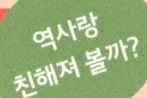

벽화에서 '나'를 찾아봐!

고구려 사람들이 남긴 무덤에는 돌로 된 방이 있다. 그 방의 벽에는 무덤 주인을 비롯한 많은 사람들의 모습이 그려져 있다. 이 그림을 벽화라고 하는데, 벽화를 통해 고구려 사람들의 생활 모습을 알 수 있고, 소망도 엿볼 수 있다.

■ 벽화에는 일하는 사람들의 모습이 생생하게 그려져 있다. '나'의 이야기를 잘 듣고 그림에서 '나'를 찾아보자.

나는 주인님을 모시는 사람이에요. 오늘 주인님은 귀족들과 사냥하러 가신다고 했어요. 준비를 해서 주인님을 사냥터로 모셔 갔어요. 주인님이 말을 타고 집을 나섰을 때 저는 그 뒤를 따르다가 춤꾼들의 춤을 보게 되었어요. 가수들의 노래에 맞춰서 멋지게 춤추는 걸 보느라 주인님이 "화살을 달라."라고 하는 말을 못 들었지 뭐예요. 주인님의 호통 치는 소리를 듣고 얼마나 놀랐는지. 다음부터는 조심해야겠어요. 오늘 주인님은 사냥터에서 사슴을 잡았어요. 저까지 어깨가 으쓱했어요.

■ 고구려 고분 벽화에 그려진 귀족의 모습이다. 위의 그림은 무덤 주인이 가마를 타고 병사들을 거느리고 행차하는 모습이고, 아래의 그림은 무덤 주인과 부인의 모습이다. 이 귀족의 어린 시절을 상상해서 그림을 그려 보자.

역사랑 친해져 볼까?

닮은꼴을 찾아라!

장보고와 최치원이 살았던 때는 동아시아의 여러 나라 사람들이 다른 나라로 유학을 가거나 장사하러 가는 일이 많았다. 사람들이 부지런히 오고가다 보니 문화적으로도 닮아 갔다.

■ 지도를 보며 서로 닮은 문화유산을 찾아서 해당하는 기호를 그려 넣자.

기호	문화유산	비슷한 점
☆	당나라 대안탑	재료가 벽돌인 게 비슷해
○	당나라 십일면관음	부처님의 모양이 비슷해
△	고구려 수산리 고분 벽화	옷차림을 눈여겨봐야 해
◇	당나라 고분 벽화	인물이 들고 있는 것을 봐
□	신라 석굴암 본존불	부처님의 크기가 비슷해

당나라 대안탑

당나라 십일면관음

당나라 고분 벽화

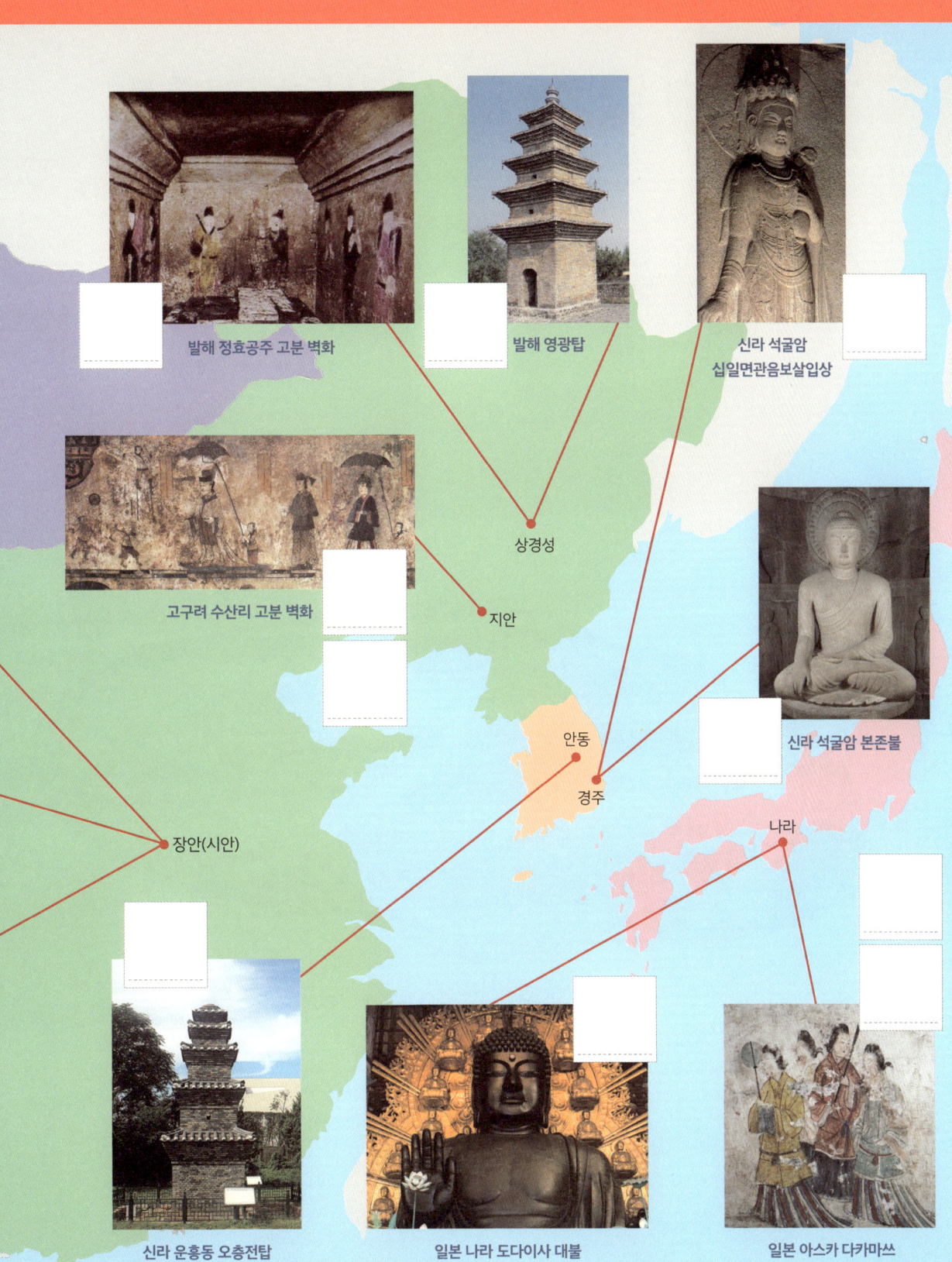

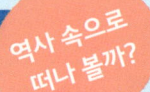
역사 속으로 떠나 볼까?

신라 시대 무덤과 유물이 가득한 경주로!

경상북도 경주시 황남동 일대에는 신라 시대의 무덤이 모여 있는 대릉원이 있다.
대릉원 무덤에서는 금관을 비롯한 다양한 유물들이 출토되었다. 대릉원에서 발굴된 유물들은 국립경주박물관에 전시되어 있다. 경주에서 신라 시대의 흔적을 찾아보자.

천마총은 하늘을 나는 말의 그림이 나온 무덤이다. 발굴 당시의 모습을 복원하여 전시관으로 활용하고 있다.

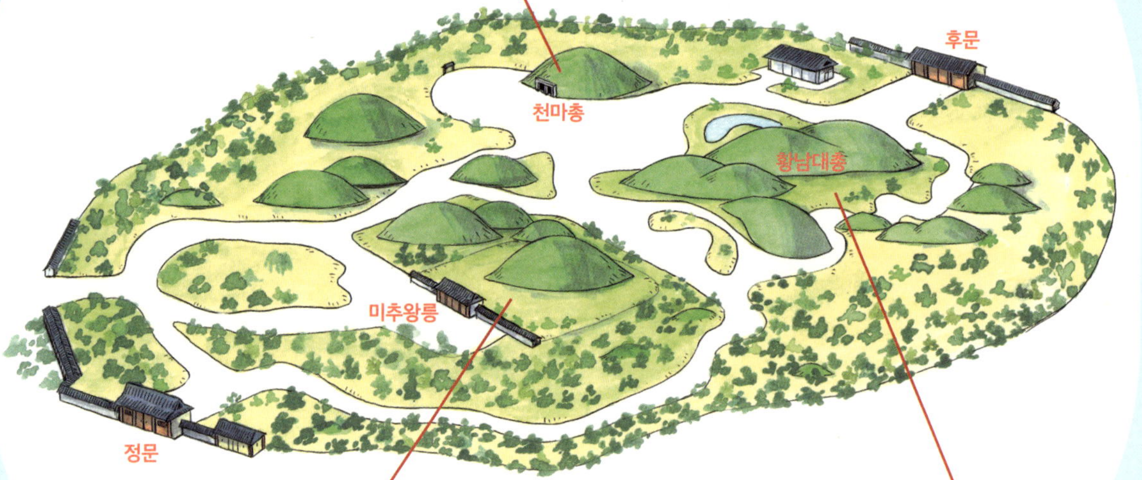

미추왕릉은 집처럼 벽에 둘러싸여 있고, 신라의 첫 번째 김씨 왕인 미추왕이 묻혀 있다.

황남대총은 부부의 무덤이다. 한 쪽에서는 장신구와 금관이 나왔고, 다른 쪽에서는 무기와 금동관이 나왔다.

대릉원

■ 천마총에서 본 천마도를 따라 그려 보자.

대릉원

■ 무덤이 모두 몇 개인지 세어 보자.
■ 황남대총의 남자 무덤과 여자 무덤을 확인해 보자.

국립경주박물관

■ 전시되어 있는 금관은 몇 개인지 알아보자.
■ 금관에 달려 있는 굽은 옥의 개수를 세어 보자. 옥의 개수에는 어떤 뜻이 있는지 알아보자.

국립경주박물관

■ 대릉원 무덤에서 발굴된 유물을 더 찾아 써 보자.

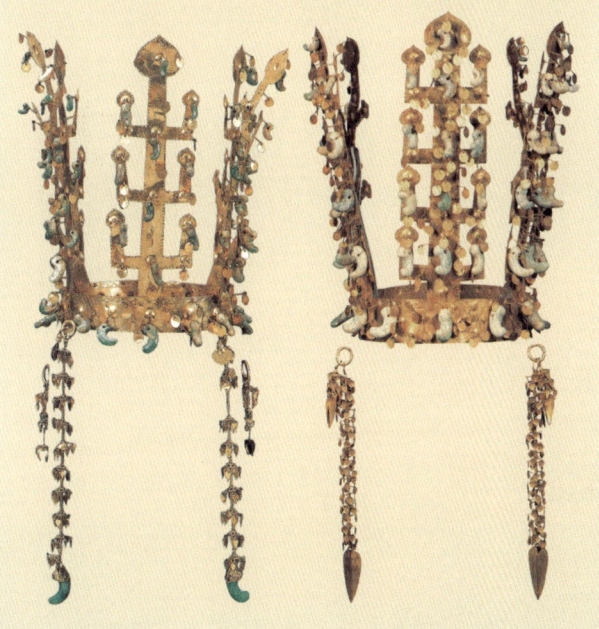

도착 ← 문제 9 | 담비길을 따라 크리스트교가 들어옴 (한 번 더) | 한 번 쉼

출발

역사랑 친해져 볼까?
발해의 길은 어디로 이어졌을까?

사람들은 발해가 만든 평화의 길을 따라 주변 여러 나라들을 여행하였다. 보드게임을 하면서 발해 사람들의 발자취를 따라가 보자.

놀이 방법
① 가위바위보를 하여 말을 고르고, 순서를 정한다.
② 주사위를 던져서 나온 눈의 수만큼 말을 옮긴다.
③ 말판 위의 지시에 따라 이동하거나 문제를 푼다.
④ 문제를 맞히면 한 칸 앞으로 가고, 틀리면 한 칸 뒤로 간다.
⑤ 먼저 도착하는 사람이 승리한다.

문제 1

 일본인  거란인  신라인  당나라인  발해인

------------- 오리는 선

문제 2

문제 3

당나라 과거 시험에 발해 사람이 장원 급제함
3칸 앞으로

문제 8

일본 무역길에서 폭풍우를 만남
5칸 뒤로

문제 7

〈1권〉 07 발해가 만든 평화의 길을 따라서 95쪽

문제

1. 사진 속 장소는 어디인지 말해 보세요.
2. 부처님 목에 무엇이 걸려 있는지 말해 보세요.
3. 발해 사람들은 여럿이 함께 노래하고 춤추는 집단 무용인 '답추'를 즐겼다. 이 춤은 어느 나라의 민속춤을 이어받았는지 말해 보세요.
4. 발해 사람들이 이용한 무역길의 이름을 세 개 말해 보세요.
5. 이 은화는 발해 사람들이 어느 길을 따라 중앙아시아 사람들과 교류한 것을 알 수 있는 증거인지 말해 보세요.
6. 발해 사람의 웅대한 기상을 엿볼 수 있는, 높이 6미터가량의 돌로 만든 이것의 이름을 말해 보세요.
7. 발해 최고의 수출품 중 하나이며, 일본 왕이 여덟 벌이나 입고 잔치에 나왔다는 이야기가 전해지는 이것을 말해 보세요.
8. 발해 사람들이 즐기던 놀이로, 사람이 말을 타고 공채로 공을 치는 놀이의 이름을 말해 보세요.
9. 당나라에서 발해를 부르던 말로, '바다 동쪽의 부강한 나라'라는 뜻의 이 말을 말해 보세요.

신라의 사신이 발해를 거쳐 당나라로 감
5칸 앞으로

당나라 무역길에서 큰 손해를 봄
3칸 뒤로

문제 4

문제 5

문제 6

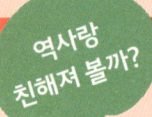

고려 사람들에게 한 걸음 다가서기

재판관 손변의 이야기와 최루백의 이야기를 통해 고려 사람들의 생활 속으로 한 걸음 더 들어가 보자.

■ 손변이 경상도 안찰부사로 있을 때, 부모의 유산 때문에 다툰 남매의 사건을 지혜롭게 해결한 일이 있다. 만약 내가 재판관이라면 어떤 판결을 내렸을까? 빈 곳에 들어갈 말을 생각해 보자.

> 부모님이 물려주신 재산을 누나가 독차지하고 저에게 나누어 주지 않습니다.
>
> 저는 아버지의 유언을 따랐을 뿐입니다. 아버지는 모든 재산을 제게 주시고, 동생에게는 검은 옷과 갓, 미투리, 종이 한 권을 남기셨습니다.
>
> 그때 너희들의 나이는 몇 살이었느냐?
>
> 저는 시집을 가 있었고, 남동생은 열일곱 살이었습니다.
>
> _____
>
> _____
>
> 제가 잘못했습니다. 재산을 반으로 나누어 동생에게 주겠습니다.
>
> 감사합니다, 부사님.

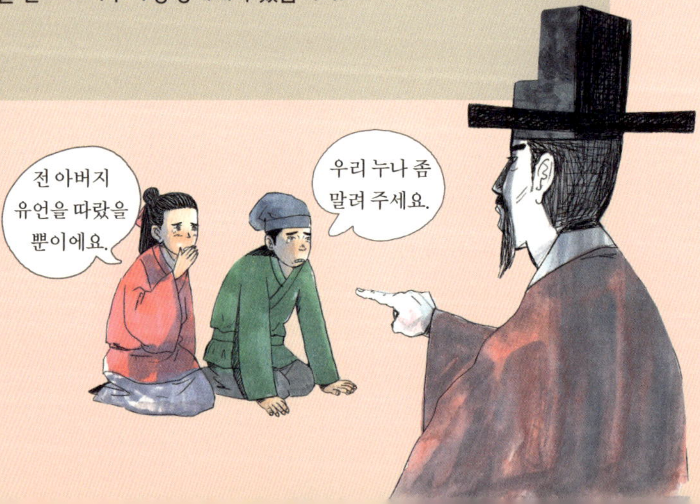

전 아버지 유언을 따랐을 뿐이에요.

우리 누나 좀 말려 주세요.

■ 최루백의 이야기는 약 200년 뒤에 책에 실렸다. 그림에서 아래의 책 내용을 찾아 ○ 해 보자.

조선 시대에 충신과 효자, 효녀 이야기를 그림과 함께 엮은 책 『삼강행실도』에 실린 그림이야.

고려 시대에 최루백이라는 효자가 살았다.

그의 아버지는 활쏘기를 좋아했는데, 사냥을 나갔다가 호랑이에게 잡혀 죽었다.

① 이 소식을 들은 최루백은 깜짝 놀라 도끼를 들고 호랑이를 잡으러 갔다.

② 숲 속에 누워 있는 호랑이를 발견하고는 크게 꾸짖은 다음 죽여서 원수를 갚았다.

③ 아버지의 장례를 치르고 3년 동안 무덤을 지키며 효도를 했다.

④ 어느 날 잠든 최루백에게 아버지의 혼령이 나타나 눈물을 흘리며 말했다.

"내가 살았을 적에도 잘 봉양하고, 죽은 뒤에도 곁에서 지켜 주니 지극한 효성이로구나."

이 말을 마친 아버지의 혼령은 최루백의 곁을 떠났다.

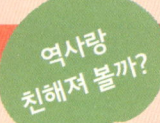

어린이 기자, 고려에 가다!

어린이 기자가 고려 시대 사람들을 인터뷰하고 기사를 썼다.

■ 다음의 기사를 읽고, 고려 사람들의 마음을 생각하여 말해 보자.

중미정 일꾼의 설움

중미정을 지을 때 일하러 나온 일꾼들은 자기가 먹을 음식을 스스로 준비해 와야 했다. 한 노인의 이야기를 들어 보자.
어떤 일꾼이 너무 가난해서 늘 다른 사람에게 얻어먹었는데, 하루는 그의

아내가 푸짐하게 음식을 장만해 왔다. 남편이 놀라서 "도둑질을 한 거요? 아니면 다른 남자와 가까이 하여 얻어 왔소?"라고 물었다. 아내가 울면서 "머리카락을 잘라 팔아서 장만했어요."라고 대답했다. 아내가 머리에 쓴 수건을 벗자, 짧게 잘린 머리카락이 보였다. 일꾼은 목이 메어 음식을 먹지 못했고, 다른 사람들도 슬피 울었다고 한다.

ㄴ, 자기가 놀 공간을 만들기 위해 사람들을 고생시키다니, 그러면 안 되죠!
ㄴ, 정치를 그렇게 하면 나라가 위태로워집니다.
ㄴ, 밥이라도 주고 일을 시켜야 하지 않나요?

■ 다음의 인터뷰 기사에는 어떤 댓글이 달렸을까? 상상하여 빈 곳에 써 보자.

망이 망소이는 왜 귀족들에게 반기를 들었을까?

 어쩌다 귀족에게 대항하게 되었나요?

 우리 명학소에 사는 사람들은 일반 농민들보다 살기가 어려웠어요. 차별도 심했고요. 특산물을 만들어 바치는 건 너무 힘들었어요.

 우리는 소에 대한 차별을 없애고, 다른 농민들처럼 세금을 내며 살 수 있기를 희망하면서 봉기를 한 겁니다.

 우리가 봉기하자 관리들은 놀라서 우리 마을을 일반 마을로 바꿔 주고 관리를 보내 바르게 다스려 준다고 약속했어요. 그런 뒤에 군사를 보내 우리 가족들을 잡아갔어요.

 그게 다시 봉기하신 이유군요.

 우리는 죽을 때까지 싸울 겁니다.

┗→ ....
┗→ ....

■ 나라면 누구를 인터뷰할지 생각하여 인물을 고르고, 빈 곳에 질문을 써 보자.

> 역사 속으로 떠나 볼까?

불교 문화의 특징을 찾아서 평창으로!

강원도 평창군에 위치한 오대산 월정사는 불교문화재가 많은 절이다. 고려 시대에 세워진 팔각구층석탑을 비롯한 불상과 탱화 등의 다양한 유물이 있다. 월정사에서 불교문화의 특징을 만나 보자.

수광전에는 금으로 만든 부처상이 있다. 부처상의 손 모양이 다 다르다.

천왕문에는 사천왕이 서 있다. 사천왕은 절을 지키는 수호신이다. 손에 들고 있는 비파, 칼, 여의주, 탑으로 넷을 구분한다. 사진은 여의주를 들고 있는 사천왕이다.

월정사

- 월정사에 금으로 만든 부처상이 몇 개 있는지 찾아보자.

천왕문

- 마음에 드는 사천왕을 선택해서 모습을 흉내 내어 사진을 찍어 보자.

팔각구층석탑

- 탑 앞에 모자 쓴 석조상은 누구일까? 절에 계신 스님이나 어른에게 물어보자.

월정사

- 월정사에서 가장 마음에 드는 동물의 그림이나 조각을 찾아 따라 그려 보자.

> 역사랑 친해져 볼까?

목화의 비밀을 찾아라!

고려 사람들의 생활 모습을 바꾸어 놓은 '이것'이 무엇인지, 어떻게 바뀌었는지 알아보자.

■ 사진 속 주인공의 이야기를 듣고, 빈 곳에 알맞은 낱말을 써 보자.

안녕?
내가 누구인지 맞혀 봐.
문익점이라는 사람이
원나라에 사신으로 갔다가
내 씨앗을 고려로
가지고 들어왔어.

내 열매가
익으면 이렇게 솜이 나와.
내가 들어온 뒤로 고려 사람들의
생활 모습이 참 많이 달라졌어.
어떻게 달라졌을까?

① _____ 에서 실을 뽑아 베틀로 무명을 짰다.

② 무명으로 옷을 지어 입게 되면서 옷차림이 다양해졌다.

③ 시장에서 _____ 과 쌀을 교환해서 겨울에도 배불리 밥을 먹을 수 있었다.

④ 겨울에 얇은 삼베를 겹쳐 쓰다가 _____ 솜을 넣은 솜옷, 솜이불을 쓰게 되었다.

〈1권〉 10 몽골과 싸우며 세계와 만나다 137쪽

■ 각각의 그림에 맞는 내용을 찾아 빈 곳에 번호를 써 보자.

역사랑 친해져 볼까?

조선 시대의 왕은 어떤 일을 했을까?

만 원짜리 지폐의 앞면과 뒷면에는 다양한 그림이 있다.
지금부터 돋보기를 들고 지폐 속 그림들을 하나하나 살펴보자.

■ 지폐 앞면과 뒷면의 그림에 어떤 의미가 담겨 있는지 알아보자.

『용비어천가』의 일부가 적혀 있다. 그 내용은 '나라가 영원히 발전할 것이다.'라는 의미이다.

해와 달, 산이 그려진 그림이다. 조선 시대에는 이 그림이 항상 왕 뒤에 놓여 있었다. 왕은 하늘과 땅을 사람들과 이어 주는 사람이라는 의미이다.

돋보기로 인물의 목 부위를 자세히 살펴보자. 지폐의 모델이 누군지 알려 주는 중요한 힌트이다. 누구보다 백성을 사랑하고 아꼈던 이 왕은 누구일까?

〈1권〉 11 한글이 알려 주는 조선의 모습 149쪽

■ 조선 시대의 왕은 어떤 일을 해야 했는지 써 보자.

조선 시대에 사용한 별자리 지도가 그려져 있다.

이 그림은 혼천의이다. 하늘의 움직임을 파악하여 시간과 날짜, 계절을 확인하는 장치이다. 조선 시대에는 왕을 하늘이 내려 준 사람이라고 생각했다. 따라서 왕은 하늘의 뜻을 잘 알아야 했다. 그래서 계절과 날씨, 시간의 변화를 연구하여 백성들에게 알려 주었다.

역사랑 친해져 볼까?

조선 시대의 승경도 놀이

조선 시대의 양반 아이들은 과거 시험에 합격해 높은 관리가 되고 싶어 했다.
그 꿈을 '승경도 놀이'라는 보드게임으로 만들어 즐겼다.

■ 조선 시대의 아이들처럼 승경도 놀이를 해 보자.

준비물
놀이판, 주사위, 게임용 말

놀이 방법
① 가위바위보를 하여 말을 고르고 순서를 정한다.
② 순서가 정해지면 출발 미션의 지시에 따른다.
③ 출발 미션을 통과했다면 출발 지점으로 말을 이동한다.
④ 주사위를 던져 나온 수만큼 이동하고,
   게임판의 지시에 따른다.
⑤ 먼저 도착하는 사람이 승리한다.

승경도 놀이판과 주사위

출발 미션
조선 시대에는 양반 아이들만 관리가 되는 꿈을 꿀 수 있었다.
주사위를 던져 양반으로 태어나 게임을 시작하자.

- **미션 통과** 양반으로 태어났다. → 1로 가시오.
- **미션 실패** 보통 사람으로 태어나 평생 농사를 짓고, 세금을 내고, 군대에 다녀왔다. → 다음 차례에 다시 던진다.
- **미션 실패** 노비로 태어나 평생 동안 양반이 시키는 일만 했다. → 한 번 쉬고 그다음 차례에 다시 던진다.

〈1권〉 12 농사짓는 사람, 글공부하는 사람, 시중드는 사람 161쪽

도착 ←

훌륭한 관리로 은퇴하였다.	**39**	왕을 바꾸려 한 계획이 들통났다.	**37**	가장 높은 관리가 되었다. (친구들에게 절 받기)
31	힘 있는 가문과 결혼하였다.	**33**	외교관이 되어 중국으로 떠났다. (한 번 쉼)	**35**
왕에게 미움을 받았다.	**29**	백성에게 도움이 되는 훌륭한 일을 했다.	**27**	너무 열심히 일만 하다가 병에 걸렸다. (한 번 쉼)
21	뇌물을 받았다.	**23**	남들이 탐내는 좋은 관직에 올랐다.	**25**
전쟁 중 백성을 지키기 위해 노력하였다.	**19**	암행어사 출두야! (아무나 두 칸 뒤로 보내기)	**17**	관리 신고식을 하였다. (춤추고 노래하기)
11	최종 시험에서 컨닝을 하였다.	**13**	장원 급제 하였다.	**15**
최종 시험을 위해 한양으로 가다 산적을 만났다.	**9**	기초 시험에 합격하였다.	**7**	매일 술 마시며 놀았다.
1	서당에서 매일 혼났다. (친구들에게 사과하기)	**3**	천자문을 다 배웠다.	**5**

출발 →

역사 속으로 떠나 볼까?

퇴계 이황의 가르침을 찾아 안동으로!

서원은 조선 시대에 학생들이 먹고 자며 공부하던 곳이다. 도산서원은 퇴계 이황이 제자들을 직접 가르친 곳으로, 경상북도 안동시 도산면에 자리 잡고 있다. 이황의 가르침이 남아 있는 도산서원을 찾아가 보자.

학생들이 공부했던 전교당이다. 건물 간판은 한석봉이 썼다.

이황이 학생들을 가르쳤던 도산서당이다. 천 원짜리 뒷면에도 그려져 있다.

〈1권〉 12 농사짓는 사람, 글공부하는 사람, 시중드는 사람 161쪽

도산서원

■ 도산서원에서 학생들이 머물던 기숙사는 _____ 와 _____ 이다. 그곳을 찾아보자.

전교당

■ 전교당에 앉아 '나의 다짐'을 쓰고 큰 소리로 읽어 보자.

광명실

■ 왜 건물을 땅에서 띄운 형태로 지었는지 알아보자.

상덕사

■ 서원에서 누구에게, 왜 제사를 지냈는지 생각하여 친구들과 이야기를 나누어 보자.

47

역사랑 친해져 볼까?

사라진 도자기 기술자를 찾아라!

임진 전쟁이 끝나고 몇 년이 지났다. 궁궐에서 제사 때 쓸 도자기들이 전쟁으로 사라졌다. 전국을 뒤져도 쓸 만한 도자기가 없자, 왕은 조선 명탐정에게 의뢰를 하였다.

■ 도자기 기술자들은 어디로 갔을까? 만화를 보고 추리하여 말해 보자.

도자기 기술자들이 모두 사라졌다는데, 어찌된 일인가? 그들이 어디로 갔는지 찾아봐 주게.

예, 알겠습니다. 조선 명탐정, 최선을 다하겠습니다.

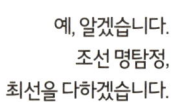

이곳이 예전에 도자기를 만들던 마을이오? 혹시 도공을 본 적이 있소?

없습니다. 몇 년 전 임진 전쟁 때 죽은 사람이 수십만입니다. 그때 도공뿐만 아니라 많은 사람들이 사라졌어요.

조선 장인들을 많이 잡아오되, 포로 중 도자기를 만드는 자와 바느질을 잘하는 자, 조선 요리를 잘하는 자는 특별히 뽑아 보내라.
도요토미 히데요시

이것 보십시오. 일본군이 남긴 편지에 도공들에 대한 이야기가 있어요!

그래? 어디 보자.

 일본에서 도자기가 나온단 말이오? 아니, 일본은 도자기를 만들 줄 모르잖소? 어떻게 된 일이오?

이삼평이라는 사람을 중심으로 도자기를 만드는 마을이 있답니다. 일본에서는 이삼평을 도조(도자기의 조상)라고 부르며 존경한다고 들었어요. 이 도자기를 한번 보세요. 아리타 자기라고 하더군요.

혹시 조선에서 오지 않았소?

조선 사람이시오? 이거 얼마 만에 조선 사람을 만나는지! 반갑습니다그려.

 나는 도자기 만드는 사람들이 어디로 갔는지 찾고 있었소. 그래, 당신들은 어떻게 지내고 있소?

포로로 끌려올 때는 걱정이 많았지만, 지금은 괜찮소. 조선에 있을 때는 사람들이 나를 함부로 대했는데, 이곳 사람들은 기술자라면서 존경해 주거든요.

 그럼 고향에 돌아가고 싶은 마음은 없소?

가끔 고향이 그립고, 부모님도 뵙고 싶지요. 하지만 이곳에서 도자기 만들면서 사는 것도 나쁘지는 않소.

 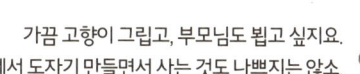

인터넷에서 이삼평을 검색해 그의 일생을 정리해 보자.

조선 후기부터 현대 사회까지

> 역사랑 친해져 볼까?

수복이의 장터 체험

오늘은 장이 서는 날. 수복이는 어머니 심부름으로 장에 가는 큰형 오복이를 따라 나섰다. 수복이, 오복이와 함께 북적북적한 조선 시대 장터로 들어가 보자.

■ 어머니는 오복이에게 집에서 키운 새끼 돼지 한 마리를 판 다음, 가족들이 먹을 굴비 한 두름과 달걀 한 줄을 사 오라고 하셨다. 수복이, 오복이 형제가 들러야 할 곳을 모두 찾아서 ○ 해 보자.

■ 알맞은 말을 골라 ○ 하고, 설명에 해당하는 곳을 그림에서 찾아보자.

① (옹기 가게 / 바구니 가게 / 대장간)(는)은 쇠를 녹여 낫, 호미, 칼과 같은 농기구나 생활 도구를 만드는 곳이다. 마을마다 이곳이 많이 생기면서 사람들의 생활이 편리해졌다.

② (옹기 가게 / 바구니 가게 / 대장간)(는)은 짚이나 대나무로 만든 광주리, 바구니, 멍석, 나막신 등을 파는 곳이다. 솜씨 좋은 농부들은 틈틈이 바구니나 멍석을 엮어서 내다 팔았다.

③ (옹기 가게 / 바구니 가게 / 대장간)에서는 항아리나 뚝배기와 같은 옹기그릇을 팔았다. 옹기그릇은 숨 쉬는 그릇으로, 냉장고가 없던 시절에 음식을 저장하고 발효시키는 데 중요하게 쓰였다.

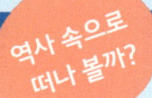
역사 속으로 떠나 볼까?

'안성맞춤'이라는 말이 생겨난 안성으로!

경기도 안성은 충청도, 전라도, 경상도 지방에서 서울로 올라오는 길목에 위치하고 있다. 그래서 안성장에는 전국 각지의 다양한 물건들이 모여들었고, 오래전부터 아주 유명했다. 경기도 안성시를 찾아가 보자.

안성장에서 가장 유명한 것은 '유기'이다. 유기는 놋쇠로 만든 그릇을 말하는데, 안성에서 만든 유기는 품질이 뛰어나고 모양이 예뻐서 예로부터 인기가 아주 높았다.

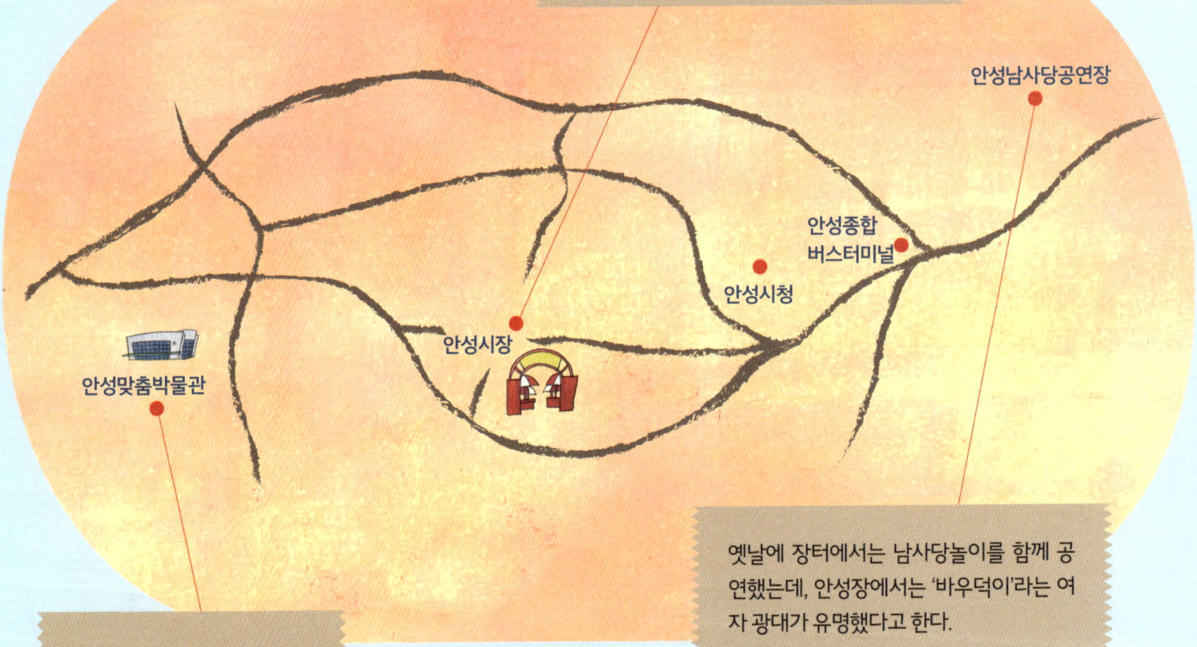

안성남사당공연장
안성종합버스터미널
안성시청
안성시장
안성맞춤박물관

옛날에 장터에서는 남사당놀이를 함께 공연했는데, 안성장에서는 '바우덕이'라는 여자 광대가 유명했다고 한다.

안성에서 만든 유기는 주문한 사람의 마음에 딱 맞는다고 하여 '안성맞춤'이라는 말이 생겨났다.

안성시장

- 안성 오일장이 열리는 날을 알아보자.
- 우리 동네 슈퍼마켓에서는 볼 수 없는 물건을 세 가지만 찾아서 적어 보자.

안성남사당공연장

- 남사당놀이를 보고, 오늘날 아이돌의 공연과 비교해 보자.

안성맞춤박물관

- 내 밥그릇으로 사용하고 싶은 유기를 찾아 사진을 찍어 보자.

그림으로 엿보는 옛 사람들의 생각과 삶

역사랑 친해져 볼까?

살림살이에 여유가 생기자 평민들도 그림에 관심을 갖기 시작했고, 사람들은 자신의 꿈과 소원이 담긴 그림으로 집 안을 장식했다. 누가 그렸는지는 알 수 없지만 사람들이 바라는 것을 해, 달, 동물, 식물 등으로 소박하게 표현한 그림을 민화라고 한다.

■ 사람들은 행복하게 오래 살기를 바라는 마음을 담아, 오래 사는 열 가지를 그린 〈십장생도〉를 병풍으로 만들어 집에 두었다. 오래 사는 열 가지는 무엇일까? 병풍에서 나머지 다섯 가지를 찾아 빈 곳에 써 보자.

| _____ | 구름 | _____ | 돌 | _____ |
| _____ | _____ | 거북 | 물 | 불로초(영지) |

자수십장생도 병풍

〈2권〉 02 노비도 양반이 될 수 있는 세상 23쪽

■ 덕구 아버지가 장에서 산 그림은 무엇일까?

〈작호도〉 호랑이는 가뭄이나 홍수, 전염병 같은 재앙을 막아 주는 동물로 여겼고, 까치는 좋은 소식을 가져다주는 동물로 여겼다.

〈어해도〉 물고기는 아이를 많이 낳는 것, 자식의 출세 등을 의미한다.

〈모란도〉 화려한 모란은 재산이 많아지고 지위가 높아지는 것을 의미한다.

우리 덕구가 열심히 글공부하여 훌륭한 사람이 되고, 덕구 동생이 빨리 태어났으면 싶어서 이걸 샀지.

■ 우리 집에는 어떤 그림을 걸면 좋을까? 그 이유도 함께 써 보자.

57

평민에게서 배운 정약전

정약전은 정약용의 형이다. 그는 양반이었지만 평소 신분을 가리지 않고 사람들을 귀하게 대했다. 정약전은 천주교를 믿었다는 죄로 흑산도로 귀양을 갔는데, 그곳에 있는 동안 평민 장덕순과 문순득에게 많은 것을 듣고 배웠다. 그리고 배운 것을 글로 써서 책으로 남겼다.

■ 정약전은 틈만 나면 바다에 나가 소년 어부 장덕순이 알려 주는 바다 생물을 자세히 관찰했다. 그리고 흑산도의 바다 생물 100여 가지를 꼼꼼하게 기록하여 『자산어보』라는 책을 썼다. 다음은 정약전이 『자산어보』에 기록한 바다 생물이다. 무엇인지 알아맞혀 보자.

머리는 둥글고, 머리 밑에 여덟 개의 긴 다리가 있다. 다리 밑 한쪽에는 국화꽃 모양의 둥근 꽃무늬가 두 줄로 늘어서 있다. 이것으로 물체에 달라붙는데, 일단 달라붙고 나면 그 몸이 끊어져도 떨어지지 않는다.

넙치

생김새는 오랫동안 설사병을 앓은 사람의 항문이 밖으로 빠져 버린 것 같고, 빛깔은 검푸르다. 바닷물이 닿는 곳의 돌 틈에 산다. 모양은 둥글고 길쭉하게 생겼고, 다른 물체가 닿으면 조그맣게 오므라든다.

말미잘

몸은 넓고 얇으며 두 눈이 몸의 왼쪽에 치우쳐 있다. 배 안에 알이 들어 있는 두 개의 주머니는 가슴에서부터 등뼈 사이를 따라 꼬리까지 이어져 있다. 등은 검고 배는 희며, 맛은 달고 진하다.

문어

■ 어부 문순득은 배를 타고 바다에 나갔다가 파도에 휩쓸려 여러 나라를 돌아다니다가 돌아왔다. 그 이야기를 정약전에게 들려주었다. 정약전은 문순득을 통해 알게 된 외국 사정을 글로 써 『표해시말』이라는 책을 남겼다. 다음 이야기를 읽으며 문순득이 다녀온 곳을 지도에서 찾아 ○ 해 보자.

 "어제까지는 유구국(지금의 일본 오키나와)에 표류한 이야기를 했는데, 그다음은 어떻게 되었나?"

 "9개월의 유구 생활을 정리하고 고향으로 돌아오기 위해 다시 배를 탔지요. 그런데 또 큰 파도를 만나 10여 일을 떠다니다가 겨우 여송국(지금의 필리핀)에 닿았습니다."

 "어휴, 정말 큰일 날뻔했네. 그래서 어떻게 되었나?"

 "여송에서 9개월 넘게 지냈죠. 그 나라의 쉬운 말도 조금 배우고, 노끈을 꼬아서 팔기도 했어요. 그 뒤 중국의 광동 오문(지금의 마카오)으로 가서 90일가량 머물렀습니다. 그곳에서 조선으로 오기 위해 중국 땅을 가로지르는 데만 1년 2개월 이상이 걸렸습니다. 겨우겨우 조선으로 돌아온 거죠."

이것은 무엇일까?

새로운 문물이 조선에 점점 더 많이 들어오자, 처음에는 '서양 귀신 씐 물건'이라며 눈길조차 주지 않던 사람들도 서양 문물의 편리한 점을 받아들이고 이용하게 되었다.

■ 다음에서 설명하는 것은 무엇일까? 빈 곳에 이름을 쓰고, 알맞은 사진을 찾아 선으로 이어 보자.

• 장점: 깜깜한 밤에 산책도 하고 장사도 할 수 있었음.
• 별명: 건달불(건들건들 자꾸 켜졌다 꺼졌다 해서)
• 발전기 돌리는 소리가 너무 시끄러웠음. 담배에 불을 붙이겠다고 이것에 담뱃대를 갖다 대는 사람도 많았음.

• 장점: 골목 구석구석을 빠르게 다닐 수 있었음.
• 별명: 안경차(바퀴가 안경 같아서)
• 부러움을 사기도 했지만 축지법을 써서 동에 번쩍, 서에 번쩍한다고 오해를 사기도 했음.

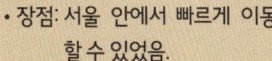

- 장점: 서울 안에서 빠르게 이동할 수 있었음.
- 별명: 쇠 당나귀
- 정거장이 따로 없고 손을 흔들면 그 자리에서 탈 수 있었음. 이것만 타다가 재산을 다 써 버린 사람도 있었음.

- 장점: 멀리 떨어져 있는 사람과 이야기를 나눌 수 있었음.
- 별명: 덕률풍(영어 이름 텔레폰을 한자음으로 부른 것)
- 전화선이 사람 목소리뿐만 아니라 물건도 전해 준다고 믿고 전화기에 물건을 매달아 놓는 경우도 있었음.

- 장점: 서울에서 인천을 하루 만에 다녀올 수 있었음.
- 별명: 화차 또는 화륜차(불을 때서 가는 차라서)
- 정해진 시간에 출발했기에 꾸물거리다 이것을 놓치는 사람이 많았음. 그러나 사람들에게 정확한 시간 개념을 심어 주는 효과도 있었음.

우리나라 최초의 철도가 놓인 인천으로!

1899년 9월, 서울과 인천 사이에 우리나라 최초의 철도가 개통되었다. 인천은 옛날에 제물포라는 항구였는데, 배를 타고 항구에 도착한 사람과 물건이 서울까지 빠르게 이동할 수 있도록 인천에 가장 먼저 철도를 놓았다. 인천광역시를 찾아가 보자.

철도가 개통되자 인천과 서울 노량진 사이 80리(약 30킬로미터) 거리를 1시간 30분 만에 갈 수 있었다. 항상 일정한 시간에 지나가는 기차는 사람들에게 시계 역할도 했다.

서울로 가는 새로운 문물들이 인천항을 거쳐 들어왔다.

인천역

- 사진과 같은 기차 모형을 찾아 그 옆에서 사진을 찍어 보자.
- 1899년에 인천에서 출발했던 철도의 이름과 기차의 도착역을 알아보자.
- 걸어서 12시간이 걸리던 거리를 기차로 1시간 30분 만에 가게 되었을 때, 일어날 수 있는 여러 가지 일을 상상해 보자.

인천개항박물관

- 옛날 인천역과 인천항의 모습을 살펴보자.

소래 포구

- 철도 개통 당시의 철길은 아니지만 1937년에 만들어진 철길이 아직 남아 있는 곳, 소래 포구를 찾아 소래 철교를 걸어 보자.

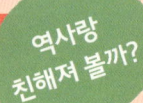

국경일은 언제 생겼고, 어떻게 달라졌을까?

조선은 1897년에 나라 이름을 대한 제국으로 바꾸었다. 그리고 국왕도 황제로 높여 부르도록 했다. 바로 이 대한 제국 시기에 '국경일'이 생겼다. 국경일은 나라에 생긴 기쁜 일을 기념하기 위해 나라에서 정한 날이다. 대한 제국의 국경일과 오늘날 대한민국의 국경일에 대해 알아보자.

■ 대한 제국의 국경일과 오늘날 대한민국의 국경일에는 어떤 것이 있을까? 빈 곳을 채워 보자.

대한 제국의 국경일

이름과 날짜	기념 내용
개국 기원절 음력 7월 16일	이성계가 조선을 세운 날을 기념
계천 기원절 음력 9월 17일	고종이 황제로 즉위한 날을 기념
만수 성절 음력 7월 25일	고종 황제의 생일을 기념
천추경절 음력 2월 8일	황태자 순종의 생일을 기념

오늘날 대한민국의 국경일

이름과 날짜	기념 내용
	단군이 우리나라 최초의 국가 고조선을 세운 것을 기념
	3·1 만세 운동을 기념
	일본에게 빼앗겼던 주권을 되찾은 날을 기념
	우리나라의 헌법을 만들고 공포한 것을 기념

〈2권〉 05 새로운 조선을 향해 한 발 앞으로 59쪽

■ 대한 제국의 국경일과 오늘날 대한민국의 국경일 모습이다. 공통점을 찾아 써 보자.

대한 제국 만수 성절 모습

대한민국 삼일절 모습

■ 대한 제국의 국경일과 오늘날 대한민국의 국경일은 어떤 점이 다를까?
빈 곳에 들어갈 알맞은 말을 써 보자.

대한 제국의 국경일은 주로 _____ 에게 중요한 날을 기념했고,

오늘날 대한민국의 국경일은 _____ 에게 중요한 날을 기념한다.

> 역사랑 친해져 볼까?

우리가 돈을 모아 나랏빚을 갚자!

대한 제국은 일본에게 빌린 돈 1,300만 원을 갚지 못해 어려움을 겪고 있었다. 대한 제국 1년 예산에 맞먹는 이 빚을 갚자는 운동이 대구에서 시작되어 전국으로 확산되었다. 국채 보상 운동이 전개된 것이었다.

■ 국채 보상 운동에 대해 알아보자.

 왜 일본에 빚을 지게 되었을까?

대한 제국이 여러 가지 개혁을 추진하기 위해 일본에게 돈을 빌렸어.

그런데 일본이 필요한 돈보다 훨씬 더 많이 억지로 빌려 주었어.

이 빚을 빌미로 대한 제국의 개혁을 사사건건 방해하며 지배하려 들었어.

 당시 1,300만 원의 가치는 얼마나 될까?

당시 쌀 한 가마니는 5원이었어.
그러니까 1,300만 원이면 쌀이 260만 가마니!

당시 한양의 번듯한 기와집 한 채가 1,000원이 안 됐어.
1,300만 원이면 기와집 13,000채를 사고도 남는 돈이야.

〈2권〉 06 기울어 가는 나라를 지키는 사람들 71쪽

 사람들은 나랏빚을 갚기 위해 어떤 노력을 했을까?

■ 내가 그 당시에 살았다면 국채 보상 운동에 참여했을까? 친구들의 생각을 들어 보고, 내 생각도 써 보자.

나라가 진 빚을 왜 국민들이 갚아야 해? 그건 관리들이 책임져야지. 나라면 국채 보상 운동에 참여하지 않겠어.

당시 일본의 간섭에서 벗어나려면 나랏빚부터 갚아야 했어. 국민 모두를 위하는 일이니까 나라면 국채 보상 운동에 참여했을 거야.

나라면

역사랑 친해져 볼까?

조선 총독부가 금지한 놀이를 찾아라!

식민지 조선의 어린이들도 일하고 학교에 가는 틈틈이 친구들과 즐겁게 놀았다.
당시 어린이들은 어떤 놀이를 했을까?

■ 설명을 읽고, 빈 곳에 알맞은 놀이 이름을 〈보기〉에서 찾아 써 보자.

내 돌로 상대방의 돌을 맞혀 넘어뜨리는 놀이. 처음엔 손으로 돌을 던지지만 단계마다 발등, 무릎 사이, 배, 가슴, 이마, 머리로 돌을 옮겨 상대방의 돌을 맞혀야 함.

Y자 모양의 나뭇가지에 고무줄을 매어 새총을 만듦. 고무줄 사이에 돌을 끼워 고무줄을 당겼다가 놓으면 목표물을 맞힐 수 있음. 목표물을 더 많이 맞힌 편이 이김.

남자 아이들과 어른들이 편을 갈라 강이나 들판을 사이에 두고 돌을 던져 상대방을 맞히는 놀이. 돌을 직접 던지기도 하고 천으로 빙빙 돌려 던지기도 함. 한쪽 편이 항복해야 끝남.

■ 그런데 조선 총독부는 이 중에서 몇 가지 놀이를 금지한다고 발표했다. (가), (나), (다)에 들어갈 놀이는 무엇일까?

(가)

(나)

(다)

(가)와 (나)는 하지 마라! 잘못하면 사람이 다치고 위험하니까.
(다)도 하지 마라. 전봇대에 걸리면 아주 귀찮아지니까.

〈2권〉 07 식민지 조선의 고달픈 어린이들 83쪽

바람 부는 들판이나 언덕에서 연을 공중에 띄워 높이 날리는 놀이. 연을 날리다가 내 연줄과 다른 사람의 연줄을 서로 엇갈리게 하여 연줄을 끊는 연싸움을 하기도 함.

두 편이 마주 서서 나아가고 물러서기를 반복하며 노래를 부르는 놀이. 상대편 아이의 이름을 넣어서 마지막 소절을 부르고, 그 아이와 가위바위보를 해서 이기면 자기편으로 데려올 수 있음.

상대편 투수가 던진 공을 방망이로 맞혀 공을 멀리 날아가게 한 다음에 1루, 2루, 3루, 홈을 차례로 밟으면 1점을 얻는 놀이. 9회까지 진행하여 점수를 많이 낸 편이 이김.

〈보기〉 야구, 새총놀이, 연날리기, 돌싸움, 꽃찾기놀이, 비석치기

(가)와 (나)를 잘하면 일본군을 맞히고 도망갈 수도 있고, 우리 민족끼리 단결하는 기회가 될 수도 있으니까 그러는 것 같아.

(가), (나), (다)는 모두 오래전부터 전해 내려오는 우리 민족의 전통 놀이라서 못 하게 하는 것 같아.

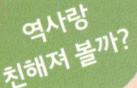 역사랑 친해져 볼까?

지도에서 이곳을 찾아라!

일제 강점기에 서울은 경성으로 불렸다. 1930년대의 서울 모습을 그린 지도를 살펴보자.

■ 다음에서 설명하는 장소를 찾아, 각각 지도에 표시해 보자.

★은 조선의 궁궐 중 으뜸이 되는 궁궐로, 왕이 살면서 나라를 다스렸던 곳이었다. 일본은 조선 왕조 통치의 중심이었던 ★ 안에 조선 총독부 건물을 지었다.

1919년 3월 1일, ♥에서 만세 운동이 시작되었다. 우리 민족은 ♥에 있는 팔각정에서 독립 선언서를 낭독하고 대한 독립 만세를 외쳤다.

나라의 독립을 위해 일본에 맞서 싸웠던 독립운동가들이 ■에 갇혀 온갖 고문을 당하며 고통을 겪었다. 수많은 독립운동가들이 ■에서 돌아가셨다.

▲는 일본이 조선의 토지와 자원을 빼앗기 위해 만든 기구이다. 독립운동가 나석주는 ▲에 폭탄을 던져 우리 민족을 괴롭히는 일본에게 저항했다.

> 역사 속으로 떠나 볼까?

독립운동의 발자취를 따라 만주와 상하이로!

일제 강점기에 우리 민족은 일본의 탄압을 피해 중국, 러시아 등으로 이주해 독립운동을 펼쳤다. 이주한 곳에 학교를 세워 공부도 하고 군사 훈련도 하면서 일본과 맞서 싸울 힘을 길렀다. 우리 민족이 독립운동을 펼쳤던 곳, 만주와 상하이를 찾아가 보자.

신흥무관학교를 졸업한 사람들은 독립군이 되어 봉오동 전투, 청산리 전투 등에서 일본군과 맞서 싸웠다.

용정에 있는 학교에서 윤동주를 비롯한 수많은 독립운동가와 애국지사가 나왔다. 이토 히로부미를 권총으로 명중시킨 안중근 의사는 용정에 와서 사격 연습을 하기도 했다.

대한민국 임시 정부 유적지와 루쉰 공원이 있다.

만주 용정중학교

- 용정중학교 역사 기념관에 가서 당시 학생처럼 사진을 찍어 보자.
- 내가 일제 강점기에 용정에 살았다면 나라의 독립을 위해 어떤 활동을 했을지 상상해 보자.

상하이 대한민국 임시 정부 유적지

- 대한민국 임시 정부 유적지에서 김구의 집무실을 찾아보자.

상하이 루쉰 공원

- '윤봉길 의사 기념관'에서 윤봉길 의사가 두 아들에게 남긴 글을 찾아 읽어 보자.

역사랑 친해져 볼까?

할머니가 그림으로 말하고 싶은 것은?

경기도 광주에는 '나눔의집'이 있다. 일본군 '위안부'로 피해를 당한 할머니들이 모여 사는 곳이다. 나눔의집 앞뜰에는 이곳에서 살다가 돌아가신 할머니들의 조각상도 있다. 할머니들은 '위안부' 피해자로 자신이 직접 겪은 아픔과 슬픔을 그림으로 표현했다.

나눔의집 앞뜰

■ 김순덕 할머니, 김복동 할머니, 강덕경 할머니는 그림을 통해 우리에게 무슨 말을 들려주고 싶으신 걸까? 할머니의 입장이 되어 빈 곳에 써 보자.

고 김순덕 할머니

〈끌려가는 배 안〉

〈그때 그곳에서〉

■ 어떻게 하면 할머니들의 아픔을 조금이라도 덜어 줄 수 있을까? 할머니들에게 전하고 싶은 위로의 말이나 할머니들을 위해 내가 할 수 있는 일을 써 보자.

《2권》 09 전쟁터로 내몰린 사람들 111쪽

김복동 할머니

〈젊은 날은 어디 가고〉

〈14세 소녀 시 끌려가는 날〉

〈우리 앞에 사죄하라〉

고 강덕경 할머니

〈책임자를 처벌하라〉

역사랑 친해져 볼까?

누가 겪은 일일까? 사진의 주인을 찾아라!

민경이의 할아버지, 민경이의 아버지, 민경이는 한 가족이지만 서로 다른 시대에 태어났기 때문에 어린 시절에 겪은 일이 조금씩 다르다.

■ 다음은 누구와 관련된 사진일까? 사진을 보고, 설명도 읽어 보자.

1. 나라가 해방되는 날, 너무 기뻐서 거리에 나가 만세를 불렀다.

2. 점심시간에 친구들과 함께 급식을 먹었다.

3. 생일날 선물받은 새 축구공으로 축구 교실 친구들과 경기를 했다.

4. 돼지 오줌보에 공기를 넣어 공처럼 만든 것을 차고 놀았다.

5. 축구공이 비싸고 귀해서 닳아 떨어지도록 오래 썼다.

■ 세 사람 각자에게 해당하는 사진의 번호를 빈 곳에 각각 써 보자.

겨울에는 교실 난롯가에서 불을 쬐기도 하고, 난로에 도시락을 데워 먹기도 했다.

책가방이 따로 없어 책을 싼 보자기를 메고 학교에 다녔다.

가리개 대신 책상 위에 네모난 책가방을 올려놓고 시험을 봤다.

복도에 서서 오전반 수업이 끝나기를 기다렸다.

냉난방 시설이 잘 갖춰진 교실에서 여름에는 시원하게, 겨울에는 따뜻하게 공부했다.

우리나라 민주주의 역사를 추적하라!

1948년에 대한민국 정부가 수립된 이후, 우리나라의 민주주의는 많은 사람들의 노력으로 발전해 왔다.

■ 각각의 사건에 알맞은 설명을 찾아 선으로 이어 보자.

제주 4·3 사건

4·19 혁명

전태일 분신

1960년 3월 15일에 이승만 정부가 저지른 부정 선거에 대한 반대 시위로 시작하여 이승만 대통령을 물러나게 만든 사건이다.

1948년부터 1954년까지 이어진 사건으로, 수많은 제주 사람이 억울하게 희생되었다. 훗날 정부에서 국가가 저지른 잘못이라고 인정하였다.

1970년, 한 청년의 죽음을 통해 경제 성장의 주인공이면서도 권리를 제대로 보장받지 못했던 노동자들의 현실에 관심을 갖는 계기가 되었다.

〈2권〉 11 모두가 함께 일궈 낸 민주주의 137쪽

■ 우리 학교에서, 우리 가정에서, 우리나라에서 민주주의가 더 발전하려면 어떤 노력을 해야 할까? 나의 생각을 써 보자.

5·18 민주화 운동

6월 민주 항쟁

1987년, 대통령 직선제 개헌 요구가 높아지는 가운데, 독재 정치를 비판하던 대학생 두 명이 숨지면서 전국적으로 일어난 민주화 운동이다. 이후 대통령을 국민이 직접 뽑을 수 있게 되었고, 국민의 권리 찾기 운동이 더 활발해졌다.

1980년에 광주에서 일어난 사건이다. 계엄군은 민주화를 외치는 시민들에게 무차별적인 폭력을 휘둘렀고, 이런 계엄군을 몰아내기 위해 광주 시민들은 목숨을 걸고 싸웠다.

역사 속으로 떠나 볼까?

5월의 축제가 열리는 민주화의 고장 광주로!

1980년 5월, 광주 시민들은 군대를 이용해 정권을 잡으려는 세력에 맞섰다. 광주 시민들은 민주주의를 위해, 가족과 이웃을 지키기 위해 전라남도 도청 광장에 모여 목숨을 걸고 계엄군과 싸웠다. 5·18 민주화 운동이 일어났던 광주를 찾아가 보자.

국립 5·18 민주묘지

광주역

광주시청   광주종합 버스터미널   금남로   옛 전라남도 도청

5·18 민주화 운동이 일어났던 열흘 동안 광주 시민들은 가족처럼 서로를 의지하고 도왔다. 아주머니들은 주먹밥을 만들어 금남로를 비롯한 거리 곳곳에서 시위대에게 나누어 주었다. 해마다 5·18 민주화 운동 기념일에는 주먹밥 나누기 행사가 열린다.

〈2권〉 11 모두가 함께 일궈 낸 민주주의 137쪽

광주 5월의 축제

- 인터넷에서 '레드페스타'를 검색해 보자.

- 금남로에서 하는 5·18 민주화 운동 기념 행사에 참여하고, 가장 기억에 남는 활동을 사진으로 찍어 보자.

국립 5·18 민주묘지

- 광주 518번 버스를 타고 국립 5·18 민주묘지에 가 보자.
- 5·18 때 사망한 전재수 어린이의 묘를 찾아 보고, 재수에게 편지를 써 보자.

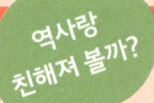

가족 신문을 완성하라!

민경이는 가족들에게 우리 현대사에서 가장 중요하다고 생각하는 사건이 무엇인지, 왜 그 사건이 중요하다고 생각하는지 물어보았다. 그리고 그 내용을 바탕으로 가족 신문을 만들고 있다.

■ 신문의 제목은 '우리 가족이 꼽은 현대사 중요 사건'이다. 사진의 기호를 각자의 이야기 옆 빈 곳에 쓰고, 가족 신문을 완성해 보자.

가) '위안부' 문제 해결을 위한 수요 시위

나) 88 서울 올림픽

다) 6·15 남북 정상 회담

라) 해방

마) 6월 민주 항쟁

우리 가족이 꼽은 현대사 중요 사건

우리나라가 일본의 지배에서 벗어나지 못했다면 오늘날의 대한민국은 존재하지 않을 테니까.

50년 가까이 서로 미워하던 남북한이 사이좋게 지낼 수 있다는 희망을 갖게 한 감격적인 사건!

국민들이 대통령을 직접 뽑을 수 있게 된 아주 중요한 사건!

크게 성장한 우리나라의 경제와 문화를 세계에 널리 알릴 수 있었으니까!

전쟁도, 전쟁의 피해자도 없는 평화로운 세상이 되기를 바라는 마음에서!

■ 중요한 역사적 사건은 따로 정해져 있는 것이 아니라 사람마다 다를 수 있다. 나는 현대사에서 무엇을 가장 중요한 사건으로 꼽고 싶은지 이유와 함께 써 보자.

역사의 강을 따라가 볼까?

우리는 지금까지 기나긴 역사 속으로 여행을 다녀왔다. 과거에서부터 미래로 길고 길게 흐르는 역사의 강줄기를 따라가며 각각의 시대에 어떤 일이 있었는지, 어떤 사람이 살았는지 떠올려 보자.

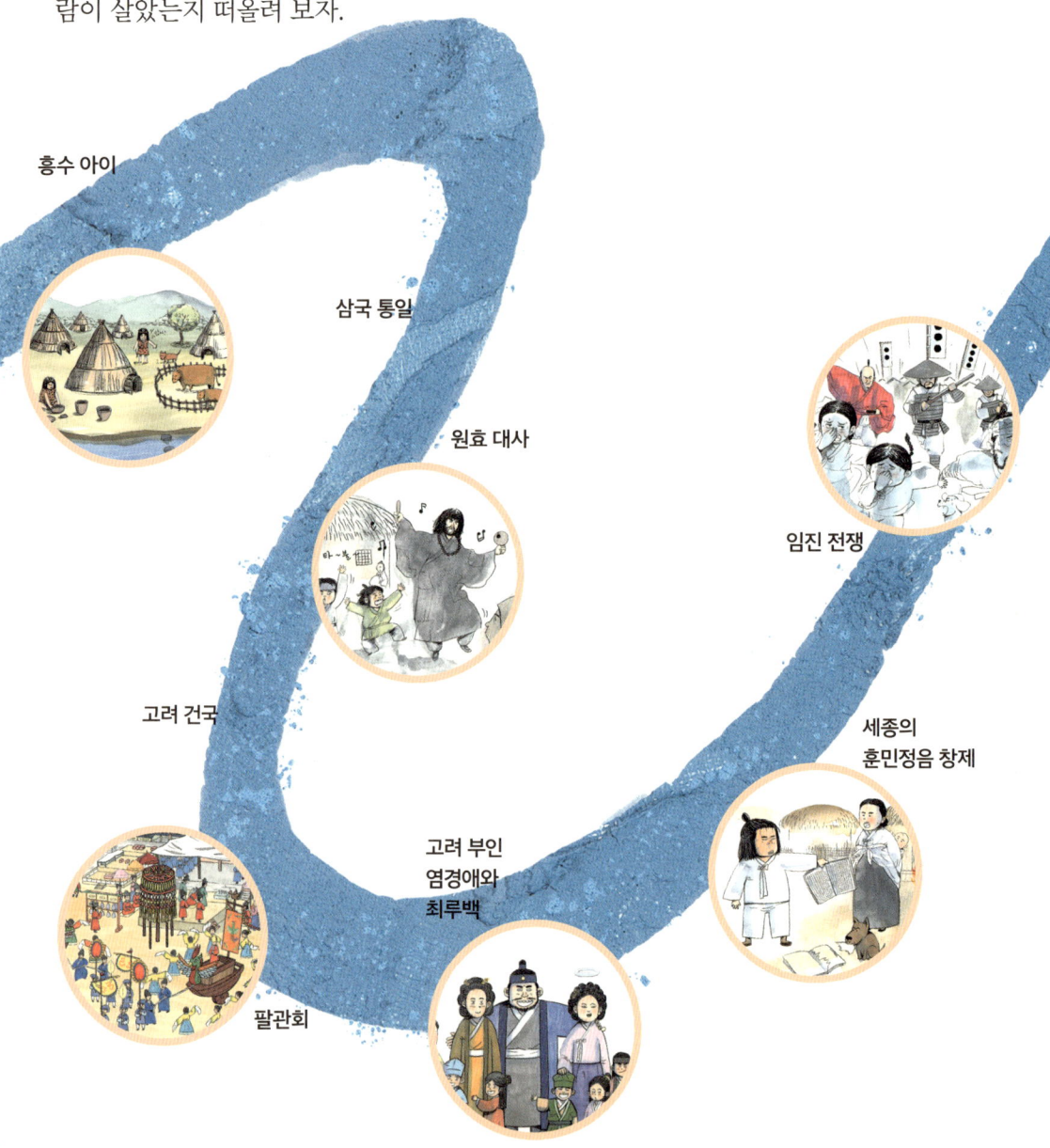

흥수 아이
삼국 통일
원효 대사
임진 전쟁
고려 건국
세종의 훈민정음 창제
팔관회
고려 부인 염경애와 최루백

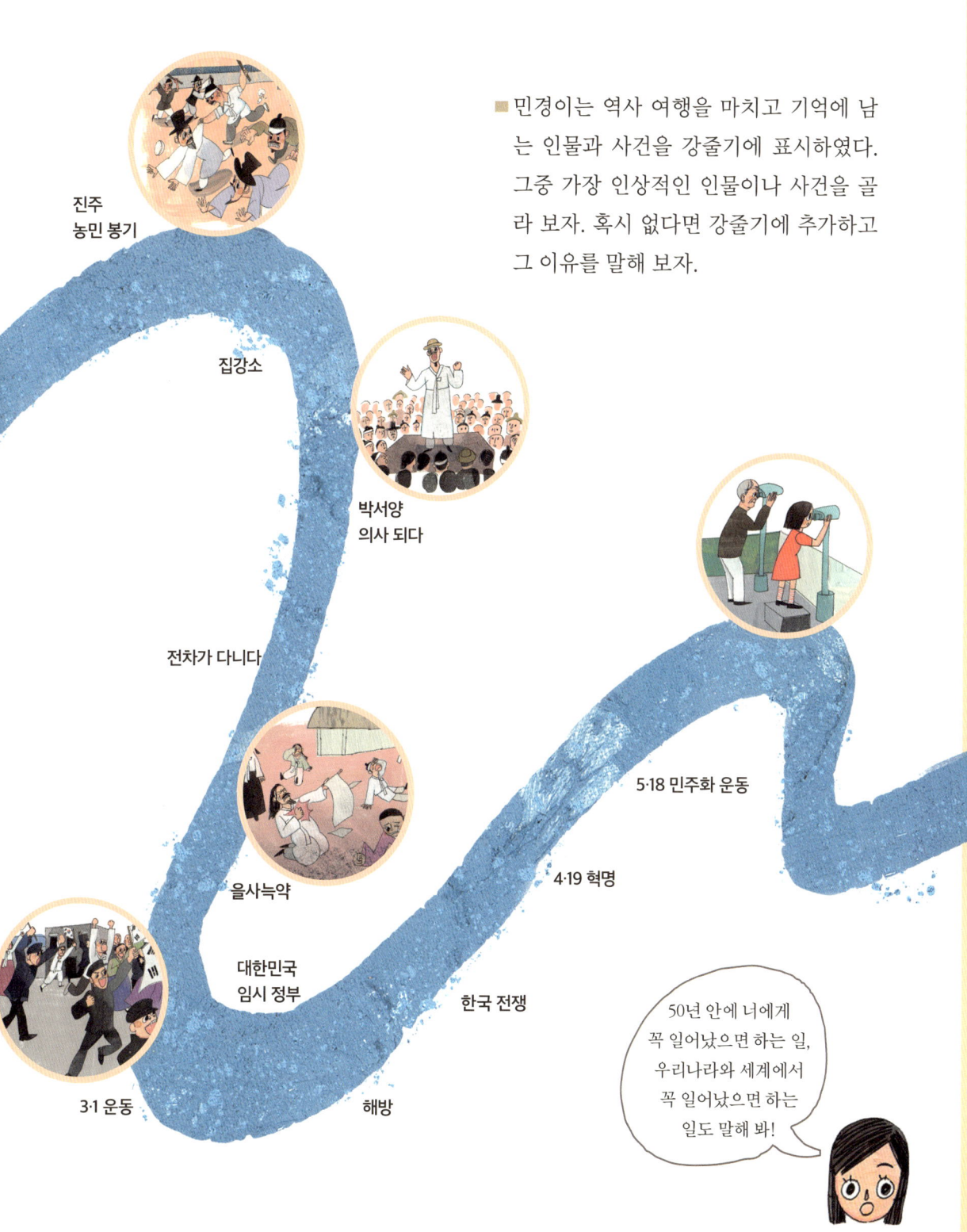

부록

- 한눈으로 보는 한국사 연표
- 정답
- 사진 출처

한눈으로 보는 한국사 연표

구분	시기	내용	찾아보기
동굴 시대	70만 년 전	한반도에 인간이 출현하다. 구석기 시대가 시작되다.	1권 20쪽
	1만 년 전	신석기 시대로 들어서다.	1권 22쪽, 24쪽
	기원전 3500년	인류 최초의 청동기 문명이 시작되다.	
	기원전 2333년	단군이 조선을 세우다.	1권 42쪽
	기원전 2000~1500년	한반도에 청동기 시대가 시작되다.	1권 32쪽, 34쪽
	기원전 5세기	철기가 보급되기 시작하다.	1권 44쪽, 46쪽
삼국과 가야	기원전 1세기	고구려, 백제, 신라가 세워지다.	1권 44쪽
	2세기 전반	태조왕 때 고구려가 중앙 집권 국가로 발전하다.	
	3세기 중엽	고이왕 때 백제가 중앙 집권 국가로 발전하다.	
	4세기 후반	내물 마립간에 의해 신라가 중앙 집권 국가로 발전하다. 가야가 신라와 맞설 정도로 성장하다.	1권 68쪽
	4세기	백제의 왕인이 일본에 논어와 천자문을 전달하다.	1권 74쪽
	5세기	고구려가 광개토왕과 장수왕 시대에 전성기를 누리다.	1권 56쪽
	502년	신라의 지증왕이 순장을 금지하다.	1권 68쪽
	6세기	신라가 지증왕, 법흥왕, 진흥왕을 거치며 전성기를 누리다.	

구분	시기	내용	찾아보기
삼국과 가야	532년	신라의 법흥왕에 의해 금관가야가 멸망하다.	1권 47쪽
	612년	고구려의 을지문덕이 살수에서 수의 대군을 물리치다.	
	645년	고구려가 당의 침입을 안시성에서 효과적으로 막다.	1권 52쪽, 54쪽
	660년	나당 연합군에 의해 백제가 멸망하다.	1권 56쪽, 58쪽
	668년	나당 연합군에 의해 고구려가 멸망하다.	1권 56쪽, 58쪽
남북국 시대	676년	신라가 당과의 전쟁에서 승리하여 삼국 통일을 이루다.	1권 72쪽, 80쪽
	698년	고구려 사람 대조영이 발해를 세우다.	
	751년	김대성이 불국사와 석굴암을 짓다.	1권 84쪽
	771년	성덕대왕신종(에밀레종)을 만들다.	1권 84쪽
	9세기	발해가 중국에서 '해동성국'이라 불릴 정도로 발전하다.	1권 98쪽, 102쪽
	828년	장보고가 청해진을 설치하다.	1권 86쪽
	926년	거란에 의해 발해가 멸망하다.	
고려 시대	918년	왕건이 궁예를 쫓아내고 호족들의 적극적인 지지 속에 고려를 세우다.	1권 108쪽
	936년	고려가 후백제를 멸망시키고 한반도 유일의 통일 국가가 되다.	1권 108쪽
	949년	광종이 왕이 되어 왕권 강화를 위해 노력하다.	1권 114쪽
	958년	광종이 과거 제도를 만들어 실시하다.	1권 114쪽
	993년	거란이 고려로 쳐들어왔으나, 서희의 외교 노력으로 강동 6주를 얻다.	
	1019년	거란이 세 번째로 쳐들어왔으나, 강감찬이 물리치다(귀주대첩).	

구분	시기	내용	찾아보기
고려 시대	1066년	문종의 아들 의천이 스님이 되다.	1권 116쪽
	1176년	신분 해방을 목표로 공주 명학소에서 망이 망소이가 난을 일으키다.	1권 132쪽
	1196년	최충헌이 정권을 잡아 이후 60여 년간 최씨가 계속 권력을 차지하다.	
	1198년	개경에서 노비 만적이 난을 일으키다.	1권 130쪽
	1231년	몽골의 침입으로 이후 40년간 전쟁을 치르다.	1권 140쪽
	1270년	무신 정권이 무너져, 80년간 원의 간섭을 받으며 살아가다.	1권 138쪽
	1377년	최무선이 화약과 화포를 만들다.	1권 144권
조선 시대	1392년	고려가 멸망하다. 이성계가 왕이 되어 새 나라를 만들다.	1권 144쪽
	1446년	세종대왕이 훈민정음을 반포하다.	1권 150쪽, 152쪽
	1592년	일본군이 조선을 쳐들어오다(임진 전쟁).	1권 174~178쪽
	1592~1598년	전국적으로 의병들이 일어나다.	1권 178쪽
	1598년	일본군의 철수로 임진 전쟁이 끝나다.	1권 178쪽
	1636년	병자호란이 일어나다.	1권 180쪽
	17세기	전국적으로 장이 들어서다. 상평통보가 만들어지다.	2권 17쪽
		서민 문화(한글 소설, 탈춤, 민화)가 발달하다.	2권28쪽, 32쪽
	1801년	천주교에 대한 대대적인 탄압이 이루어지다(신유박해).	
	1805년	안동 김씨의 세도 정치가 시작되다(~1863년).	
	1811년	홍경래 등이 이끄는 평안도 농민 전쟁이 일어나다(~1812년).	
	1816년	영국 알세스트호가 조선의 서해를 항해하다.	2쪽 46쪽
	1860년	최제우가 동학을 창시하다.	2권 38쪽
	1862년	진주를 비롯한 전국에서 민란이 일어나다.	2권 40쪽
	1863년	흥선 대원군이 집권을 시작하다.	
	1866년	제너럴셔먼호 사건이 발생하다. 병인양요가 일어나다.	
	1871년	신미양요가 일어나다. 척화비를 세우다.	

구분	시기	내용	찾아보기
조선 시대	1873년	흥선 대원군이 물러나다.	
	1876년	일본과 강화도 조약을 맺다. 제1차 수신사를 보내다.	2권 48쪽
	1881년	조사 시찰단을 보내다. 별기군을 만들다. 영선사를 보내다.	2권 48쪽
	1882년	조·미 수호 통상 조약을 맺다. 임오군란이 일어나다. 제물포 조약을 맺다.	
	1883년	한성순보가 만들어지다.	2권 50쪽
		보빙사 일행이 미국에 가다.	2권 50쪽
	1884년	갑신정변이 일어나다.	
	1885년	한성 조약을 맺다. 영국이 거문도를 불법 점령하다.	
	1889년	함경도에 방곡령을 선포하다.	
	1894년	동학 농민 운동이 일어나다. 갑오개혁을 시행하다.	2권 60쪽, 62쪽
	1895년	을미사변이 일어나고 을미개혁이 실시되다. 을미의병이 일어나다.	
		근대식 소학교가 세워지다.	2권 66쪽
	1896년	아관 파천이 일어나다. 독립 협회가 세워지다.	
	1897년	대한 제국을 세우다. 광무개혁을 시행하다.	
	1898년	서울에 전차가 달리다.	2권 52쪽
		만민 공동회를 열다. 독립 협회가 해체되다.	2권 64쪽, 66쪽
	1899년	서울과 인천에 기차가 달리다.	2권 56쪽
	1905년	을사조약이 강제로 맺어지다. 을사의병이 일어나다.	2권 72쪽, 74쪽
	1907년	헤이그 특사를 보내다. 고종 황제가 강제로 물러나고, 군대가 해산되고, 정미의병이 일어나다. 국채 보상 운동이 시작되다.	2권 78쪽
	1909년	안중근이 이토 히로부미를 사살하다.	

구분	시기	내용	찾아보기
일제 강점기	1910년	국권을 빼앗겨 일제 강점기가 시작되다.	2권 84쪽~88쪽
	1919년	3·1 운동이 일어나다. 대한민국 임시 정부가 세워지다.	2권 94쪽~98쪽
	1920년	봉오동 전투와 청산리 대첩이 일어나다.	2권 100쪽
	1923년	방정환이 어린이날을 만들다.	2권 104쪽
	1926년	6·10 만세 운동이 일어나다.	
		나석주가 식산 은행에 폭탄을 던지다.	2권 102쪽
	1929년	광주 학생 항일 운동이 일어나다. 원산 총파업이 일어나다.	
	1931년	만주 사변이 일어나다.	
	1939년	창씨개명(일본식 성과 이름을 갖도록 강요하는 것)을 하다.	2권 114쪽
	1940년	한국광복군이 만들어지다.	2권 116쪽, 118쪽
	1942년	조선어 학회 사건이 일어나다.	
현대 사회	1945년	8·15 광복을 맞이하다.	2권 126쪽
	1948년	5·10 총선거가 실시되다. 남한만의 대한민국 정부를 세우다.	2권 140쪽
	1950년	6·25 전쟁이 일어나다.	2권 128쪽
	1953년	휴전 협정을 맺다.	2권 128쪽
	1960년	4·19 혁명이 일어나다. 장면 정부가 세워지다.	2권 142쪽
	1961년	5·16 군사 정변이 일어나다.	2권 144쪽
	1963년	박정희 정부가 세워지다(~1979년).	2권 144쪽
	1965년	한·일 협정이 맺어지다.	
	1970년	전태일이 근로기준법을 지킬 것을 외치다.	2권 146쪽

구분	시기	내용	찾아보기
현대 사회	1972년	7·4 남북 공동 성명을 발표하다. 10월 유신을 강제 시행하다.	
	1973년	6·23 평화 통일 선언을 발표하다.	
	1979년	10·26 사태가 일어나다.	2권 148쪽
	1980년	5·18 민주화 운동이 일어나다.	2권 148쪽
	1981년	전두환 정부가 세워지다.	2권 150쪽
	1987년	6월 민주 항쟁이 일어나다. 6·29 선언을 발표하다.	2권 150쪽
	1988년	노태우 정부가 세워지다.	
	1993년	김영삼 정부가 세워지다.	
	1997년	IMF 사태가 일어나다.	
	1998년	김대중 정부가 세워지다.	
	2000년	제1차 남북 정상 회담을 가지고, 6·15 남북 공동 선언을 발표하다.	2권 160쪽
	2003년	노무현 정부가 세워지다.	
	2007년	노무현 대통령이 평양을 방문해 제2차 남북 정상 회담을 가지다.	
	2008년	이명박 정부가 세워지다.	
	2011년	평화의 소녀상을 서울 종로 일본대사관 앞에 처음으로 세우다.	2권 162쪽
	2012년	박근혜 정부가 세워지다.	
	2017년	박근혜 대통령이 탄핵되다. 문재인 정부가 시작되다.	
	2018년	문재인 대통령과 김정은 국무위원장이 세 번의 남북 정상 회담을 가지다.	

정답

[나의 이야기도 역사가 될 수 있을까?]

12~13쪽

'나' 인터뷰 질문 만들기
- ㉮ 유치원에서 가장 친한 친구 이름은요? / 가장 좋아하는 놀이는 무엇인가요?

'나의 역사'에 기록할 물건 찾고, 중요한 일 쓰기
- ㉮ 내가 찾은 자료는 유치원 학예 발표회 사진 / 컴퓨터에 저장되어 있던 친구의 생일 노래 악보 파일 / 장난감을 가지고 거실에서 놀고 있는 사진과 어머니 말씀

- ㉮ '나의 역사'에 들어갈 중요한 일은 어릴 때 '장난감 북'을 가장 좋아해서 매일 두드리고 논 것 / 유치원 다닐 때 친구들과 함께 악기를 연주한 것 / 4학년 때 친한 친구의 생일에 '생일 노래'를 만들어서 선물한 것.

자료를 바탕으로 '나의 역사' 쓰기
- ㉮ 나는 2007년에 태어났다. 나는 어릴 때부터 음악을 아주 좋아했다고 한다. 지금까지 기억나는 일 중에는 음악과 관련된 것이 많다. 나는 언제 어디서든 음악이 나오면 손뼉을 치고 좋아하며 고개를 흔들어 박자를 맞추었다고 한다. 장난감 북을 두드리며 노래 부르기가 내가 가장 좋아하는 놀이 중 하나였다고 한다. 유치원 다닐 때는 학예회에서 친구들과 함께 악기 연주를 했는데, 나는 리코더 연주를 했다. 엄청난 박수를 받으면서 '나는 나중에 꼭 음악가가 되어야지.'라고 생각했다. 초등학교 4학년 때는 친구의 생일 노래를 직접 만들어 선물했다. 지금도 나는 음악이 좋다. 나중에 음악 관련된 일을 하게 되지 않을까?

[역사랑 친해져 볼까?]

16~17쪽 어디에 쓰던 물건일까?

쓰임새 연결하기

쓰임새 상상하기
- ㉮ 나라면 벽에 걸어 두고 신이라고 생각했을 거야. / 나라면 제사상 위에 사진 대신 세워 두고 조상신이라고 생각하고 제사를 지냈을 거야. / 나라면 탈 대신 얼굴에 쓰고 돌아다녔을 것 같아.

18~19쪽 두 마을의 차이를 찾아라!

구리네 마을 모습 알아보기
- ㉠ 그리고 무기를 들고 싸움 연습하는 사람들이 있잖아. / 청동으로 칼을 만드는 사람이 보이잖아.
- ㉠ 그렇게 해서 나라가 생긴 거구나.

두 마을의 달라진 생활 모습 이야기하고, 도구 고르기
- ㉠ 구리네 마을이 훨씬 커. 사람이 많이 살고 집 모양도 달라. / 갈돌이네는 고기 잡는 사람들이 있지만, 구리네는 농사짓는 사람들과 전쟁 연습하는 사람들이 있어. / 울타리가 있고, 제사 지내는 군장이 보여.

22~23쪽 왕들이 알에서 태어났다고?
왕의 이름 쓰기
- 고주몽, 김수로, 박혁거세

왕이 알에서 태어난 까닭 생각하기
- ㉠ 나는 옛날 사람들이 알이 깨지면서 새로운 세상이 시작된다고 생각했던 거 같아. 그래서 왕이 태어나면서 새로운 세상을 만들어 더 잘 다스려 주기를 바란 거지.

24~25쪽 부처님, 제 소원을 들어주세요!
- ㉠ 전쟁이 빨리 끝나서 가족에게 돌아가게 해 주세요. / 농사가 잘 되어서 배불리 먹을 수 있게 도와주세요. / 우리 아들이 높은 관직에 올라가면 좋겠습니다. 나무아미타불.

26~27쪽 벽화에서 '나'를 찾아봐!
벽화를 보고 인물 찾기

벽화 그리기
- 그림 생략

28~29쪽 닮은꼴을 찾아라!
닮은 문화유산 연결하기

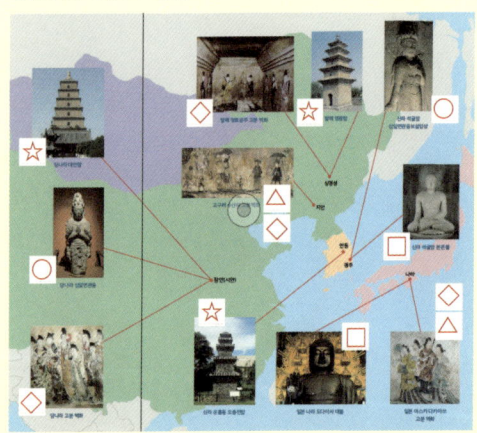

32~33쪽 발해의 길은 어디로 이어졌을까?
보드게임 문제의 답
- ① 상경성 궁문 자리 ② 십자가 ③ 고구려 ④ 신라길, 영주길, 압록길, 거란길, 일본길, 담비길 중 3개
　⑤ 담비길 ⑥ 석등 ⑦ 담비 가죽 ⑧ 격구 ⑨ 해동성국

34~35쪽 고려 사람들에게 한 걸음 다가서기

내용에 알맞은 그림 찾아 표시하기

재판관의 판결 생각해 보기
- ㉑ 결혼한 누나에게 재산을 모두 준 것은 그 재산으로 동생을 잘 키우고, 나중에 동생에게 재산을 나누어 주라는 뜻이 아니겠느냐. 동생에게 그 네 가지

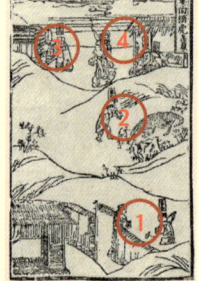

물건만 남겨 준 것은 어른이 되어서 옷과 모자를 갖춰 입고 신발을 신고 종이에 글을 써서 관청에 가 이 문제를 해결해 줄 사람을 찾으라고 그런 것이다.

36~37쪽 어린이 기자, 고려에 가다!
기사 읽고 생각 말하기
- 예 명학소라는 곳에 사는 사람들은 무슨 특산물을 만들었을까? / 왜 정부 관리들은 약속을 어겼을까? / 이 봉기를 일으킨 사람들은 어떻게 되었을까?

인터뷰 기사에 댓글 쓰기
- 예 응원합니다! / 달걀로 바위치기 아닌가?

인터뷰 인물 고르고 질문 쓰기
- 예 (어린이) / 어른이 되면 무슨 일을 하고 싶었나요? / 무엇을 공부했나요?

40~41쪽 목화의 비밀을 찾아라!
이것에 대해 읽고, 빈 곳에 낱말 쓰기
- ① 목화솜 ③ 솜(무명도 맞음) ④ 목화

목화가 바꾼 사람들의 생활 모습 번호 쓰기

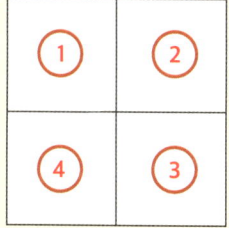

42~43쪽 조선 시대의 왕은 어떤 일을 했을까?
지폐 그림의 의미 알아보고, 왕 이름 말하기
- 세종대왕

조선 시대의 왕이 해야 할 일 쓰기
- 예 조선 시대의 왕은 백성을 잘 돌보라는 하늘의 명령을 잘 실천하여 나라를 영원히 발전시켜야 했다.

46~47쪽 조선 시대의 승경도 놀이
승경도 놀이하기
- 생략

48~49쪽 사라진 도자기 기술자를 찾아라!
도자기 기술자들이 간 곳 추리하기
- ⓔ 전하, 지난 전쟁에서 일본은 계획적으로 도자기 기술자를 포로로 잡아갔습니다. 온 나라의 도자기 기술자들이 이젠 일본의 도자기를 만들고 있으니 전쟁의 또 다른 고통이라 할 수 있겠습니다.

52~53쪽 수복이의 장터 체험
형제가 들른 장소 표시하기

알맞은 말 고르고, 그림에서 찾아보기 - ① 대장간 ② 바구니 가게 ③ 옹기 가게

56~57쪽 그림으로 엿보는 옛 사람들의 생각과 삶
병풍에서 십장생 찾아 쓰기
- 학, 소나무, 사슴, 해, 대나무

덕구 아버지가 장에서 산 그림 찾기
- 어해도

우리 집에 걸고 싶은 그림과 이유 쓰기
- ⓔ 나는 호랑이와 까치를 그린 작호도를 걸고 싶다. 호랑이는 병이나 자연재해를 막아 준다는데, 올해 여름이 너무 더워서 내년에는 덜 덥기를 바라는 마음에서다. 까치는 좋은 소식을 준다는데, 고등학교 3학년인 우리 누나가 대학교에 붙었다는 소식을 들으면 좋겠다.

58~59쪽 평민에게서 배운 정약전
자산어보 속 바다 생물 알아맞히기

문순득이 다녀온 곳 지도에 표시하기
- 오키나와, 필리핀, 마카오

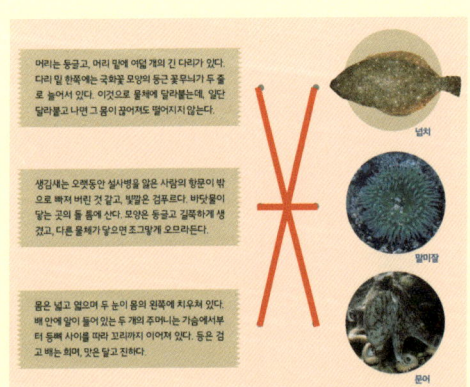

60~61쪽 이것은 무엇일까?
서양 문물 사진과 설명 잇고, 이름쓰기

64~65쪽 국경일은 언제 생겼고, 어떻게 달라졌을까?
대한 제국과 대한민국의 국경일 쓰기
- 개천절, 10월 3일 / 삼일절, 3월 1일 / 광복절, 8월 15일 / 제헌절, 7월 17일

대한 제국과 대한민국의 국경일 공통점 쓰기
- 예 집과 거리에 태극기를 단다.

대한 제국과 대한민국 국경일 다른 점 쓰기
- 대한 제국의 국경일은 주로 황제에게 중요한 날을 기념했고,
  오늘날 대한민국의 국경일은 국민에게 중요한 날을 기념했다.

66~67쪽 우리가 돈을 모아 나랏빚을 갚자!
국채 보상 운동에 참여했을지 생각 쓰기
- 예 나라면 나라가 위기에 빠졌을 때 국민으로서 당연히 도와야 하기 때문에 참여했을 것이다. / 나라면 나라를 망친 황제나 정부가 책임져야 하기 때문에 참여하지 않았을 것이다.

68~69쪽 조선 총독부가 금지한 놀이를 찾아라!
알맞은 놀이 이름을 〈보기〉에서 찾아 쓰기
- (왼쪽부터) 비석치기, 새총놀이, 돌싸움, 연날리기, 꽃찾기놀이, 야구

(가), (나), (다)에 들어갈 놀이 쓰기
- (가) 돌싸움 (나) 새총놀이 (다) 연날리기

70~71쪽 지도에서 이곳을 찾아라!
설명을 읽고 지도에 같은 모양 표시하기
- ★ 경복궁 ♥ 탑골공원 ■ 서대문 형무소 ▲ 동양 척식 주식회사

74~75쪽 할머니가 그림으로 말하고 싶은 것은?
할머니의 입장이 되어 하고 싶은 말 쓰기
- 고 김순덕 할머니: ㉠ 한국 소녀 여러 명이 배를 타고 끌려갔어. / 나는 일본 군인들에게 끌려가 아주 무섭고 끔찍한 일을 당했지 등
- 김복동 할머니: ㉠ 꽃다운 젊은 시절을 아픔과 고통 속에서 보내야만 했어. / 젊은 날을 빼앗겨 버린 거지 등
- 고 강덕경 할머니: ㉠ 나에게 고통을 주었던 사람들에게 사과를 받고 싶어. / 죄를 저지른 사람들이 진심으로 반성하고 용서를 구하기를 바란단다 등

할머니에게 하고 싶은 말이나 할 수 있는 일 쓰기
- ㉠ 열심히 역사 공부를 해서 일본이 역사 왜곡을 하지 못하게 할게요. / 할머니가 겪은 일들을 세상에 바로 알리기 위해서라도 역사 공부 열심히 할게요. / 수요 시위에 저도 참여해서 할머니들과 뜻을 함께할게요. / 전쟁 없는 평화로운 세상을 만들어 나갈게요 등

76~77쪽 누가 겪은 일일까? 사진의 주인을 찾아라!
세 사람에게 해당하는 사진 번호 쓰기
- 할아버지 얼굴: 1, 4, 7 / 아빠 얼굴: 5, 6, 8, 9 / 민경이 얼굴: 2, 3, 10

78~79쪽 우리나라 민주주의 역사를 추적하라!
사진과 설명 바르게 잇기

민주주의 발전에 관한 생각 쓰기
- ㉠ 차별하는 말을 하지 않아야 한다. 나부터 다른 사람의 의견을 존중하고, 공평하게 말하고 행동하려고 노력할 것이다. / 모든 친구들이 행복할 수 있도록 학교에서 왕따를 없애는 데 노력하겠다. / 수학여행 장소를 학교 선생님이 정하지 말고 학생들이 투표로 정한다.

82~83쪽 가족 신문을 완성하라!
알맞은 사진 기호를 써 넣어 가족 신문 완성하기
- 할머니 얼굴: 다 / 할아버지 얼굴: 라 / 엄마 얼굴: 마 / 아빠 얼굴: 나 / 민경이 얼굴: 가

현대사의 중요한 사건 꼽고 이유 쓰기
- ㉠ 5·18 민주화 운동: 우리나라의 민주화 운동을 대표하는 사건이기도 하고, 무엇보다도 역사적 진실은 꼭 밝혀져야 한다는 생각에서! / 전태일 분신 사건: 이 사건을 계기로 노동자가 겪는 어려움에 이전보다 많은 사람들이 관심을 갖게 되었기 때문에!

[역사 속으로 떠나 볼까?]
20~21쪽 다양한 고인돌이 모여 있는 고창으로!
제1코스
- 굄돌의 개수가 모두 같지 않고 0개, 2개, 4개 등 다양하다.

제3코스
- 사진 생략. 고창에는 고인돌이 1,600여 개 있다.

제2코스
- 생략. 동양 최대의 고인돌인 운곡 고인돌은 덮개돌 무게만 약 300톤 정도이다.

제5코스
- ㉠ 땅이 평평해 놓기 좋았다. / 하늘 별자리를 따라 했다.

30~31쪽 신라 시대 무덤과 유물이 가득한 경주로!
대릉원
- 천마도 그리기 생략
- 미추왕릉, 천마총, 황남대총 등 15기의 무덤이 있다.
- 북쪽(천마총에서 먼 방향)이 여자, 남쪽(천마총에서 가까운 방향)이 남자 무덤이다.

국립경주박물관
- 국보 제87호 금관, 국보 제190호 금허리띠, 보물 제621호 금동장봉황환두대도, 보물 제617호 금제접형 관식, 보물 제619호 경식, 보물 제622호 청동제초두(이상 천마총), 보물 제623호 금제천 및 지환, 보물 제 626호 금제고배, 보물 제627호 은제잔(이상 황남대총) 등.
- 지금까지 신라 무덤에서 출토된 금관은 모두 6개이다.
- 천마총 금관은 둥근 관테에 3개의 나뭇가지와 2개의 사슴뿔 모양 세움장식을 붙이고 옥과 달개로 아름답게 장식하였다. 장식된 옥의 개수는 58개, 달개는 382개이다. 옥 모양이 배 속의 태아와 닮았다고 생각하였는데, 나중에 사람으로 다시 태어나기를 바라는 마음으로 장식하였다고 한다.

38~39쪽 불교문화의 특징을 찾아서 평창으로!
월정사
- 각 건물마다 다양한 부처상이 있다. 그중 조선 시대에 금동으로 만든 육수관음상은 월정사 성보박물관에서 볼 수 있다.
- 그리기 생략

천왕문
- 사진 생략

팔각구층석탑
- 입에 부드러운 미소를 머금고 있는 석조보살좌상은 약왕보살이라고 한다. 약왕보살은 부처님의 말씀을 들은 후부터 마음을 다해 존경심을 표시했다고 한다. 고대 인도의 관습에 따르면 한쪽 무릎을 꿇고 앉는 것은 존경심을 가장 크게 표현하는 자세라고 한다.

46~47쪽 퇴계 이황의 가르침을 찾아 안동으로!
도산서원
- 도산서원에서 학생들이 머물던 기숙사는 동재와 서재이다.

전교당
- ㉠ 나는 하루에 30분씩은 꼭 스스로 공부할 것을 다짐한다.

광명실
- 광명실은 책을 보관하는 곳으로, 습기 등의 피해를 예방하기 위해 건물을 띄워 지었다.

상덕사
- ㉠ 상덕사는 현명하고 훌륭한 사람들에게 제사를 지내는 공간이다. 그분들처럼 되기를 꿈꾸며 제사를 지

냈을 것 같다.

54~55쪽 '안성맞춤'이라는 말이 생겨난 안성으로!
안성시장
- 안성 오일장은 2와 7로 끝나는 날에 열린다.
- ㉠ 유기 그릇, 뻥튀기 기계, 엿장수

안성남사당공연장
- ㉠ 아이돌 공연 때는 무대에서 멀리 떨어진 곳에서 아주 작게 춤추는 모습만 보았다. 그런데 남사당놀이는 관객이 빙 둘러싸고 가까이서 소리와 몸짓을 보니까 나도 함께 공연하는 기분이 들었다.

안성맞춤박물관
- 사진 생략

62~63쪽 우리나라 최초의 철도가 놓인 인천으로!
인천역
- 사진 생략
- 철도 이름은 경인선이고, 도착한 역은 서울 노량진이다.
- ㉠ 걸어서 12시간이면 하루의 반을 걷는 것인데, 1시간 30분 만에 가게 되면 10시간 30분이 남는다. 그러면 아침에 인천을 출발하여 서울에 가서 점심을 먹고 서울 구경을 하고 저녁을 먹기 전에 인천에 돌아올 수 있다.

인천개항박물관
- 옛날 인천의 모습을 보여 주는 각종 사진 자료, 모형 등을 통해 옛날 인천역과 인천항의 모습을 자세히 알 수 있다.

소래 포구
- 생략

72~73쪽 독립운동의 발자취를 따라 만주와 상하이로!
만주 용정중학교
- 사진 생략
- ㉠ 내가 용정에 살았다면 학교에서 공부를 열심히 하며 친구들과 독립을 위해 할 일을 의논했을 것이다. / 나는 군사 훈련을 더 열심히 받았을 것이다.

상하이 대한민국 임시 정부 유적지
- 생략

상하이 루쉰 공원
- 너희도 만일 피가 있고 뼈가 있다면 반드시 조선을 위해 용감한 투사가 되어라. 태극의 깃발을 높이 드날리고 나의 빈 무덤 앞에 찾아와 한 잔 술을 부어 놓으라. – 유촉시(죽은 뒤의 일을 부탁하거나 당부하는 글) '강보에 쌓인 두 병정에게' 중에서

80~81쪽 5월의 축제가 열리는 민주화의 고장 광주로!
광주 5월의 축제
- 레드페스타는 5·18 민주화 운동 기념일에 청소년들이 중심이 되어 진행하는 문화제이다.
- 사진 생략

국립 5·18 민주묘지
- 생략
- 예) 재수야, 안녕.
 나는 서울에 사는 민경이야. 지금 5학년이니까 너보다 누나야. 부모님께 네 이야기를 듣고 많이 놀랐어. 1980년 광주에서 많은 사람들이 죽고 다쳤다고 들었는데, 나보다 어렸던 너도 무덤에 묻힌 걸 보니 정말 슬프다. 부모님께서 그때 나쁜 행동을 하고, 못된 명령을 내렸던 사람들이 벌을 받았다고 하셨어. 네가 하늘나라에서 그 벌 받은 사람들을 보며 덜 억울해하면 좋겠다. 잘 있어.

[역사의 강을 따라가 볼까?]
84~85쪽
인상적인 인물과 사건 고르고, 추가하기
- 예) 청동기 마을의 구리, 가야 소녀 송현이, 일본군에 맞서 싸운 의병들, 국채 보상 운동에 참여한 여성들, 일본군에 끌려갔던 김순덕 등

나와 우리나라, 세계에 일어났으면 하는 일 말하기
- 예) 나: 훌륭한 음악가가 되어 멋진 곡을 쓰고 연주를 하는 것. / 우리나라: 남과 북이 통일이 되어 전쟁 걱정이 없는 나라가 되는 것. / 일본군 '위안부' 할머니들이 일본으로부터 꼭 제대로 사과를 받는 것. / 세계: 가난한 나라가 없어져서 모든 어린이들이 행복하게 공부하고 자랄 수 있게 되는 것.

사진 출처

경기도 122(김복동 할머니)
경기도 안성시 55(안성 오일장, 남사당 공연, 안성 유기)
경향신문 135(책보)
국가기록원 82(6·15 남북정상회담)
국립경주박물관 31(천마도, 금관총 금관, 천마총 금관)
국립민속박물관 56(자수십장생도 병풍), 57(어해도, 모란도), 61(기차)
국립중앙박물관 9(난중일기 표지·본문), 16(주먹도끼, 갈판과 갈돌, 빗살무늬 토기) 17(조개껍데기 가면), 19(반달 돌칼, 돌괭이, 거푸집), 44(승경도 놀이판), 57(작호도)
나눔의집 74(나눔의집, 고 김순덕 할머니, 〈14세 소녀 시 끌려가는 배 안〉, 〈그때 그곳에서〉), 75(〈끌려가는 날〉, 〈젊은 날은 어디 가고〉, 고 강덕경 할머니, 〈우리 앞에 사죄〉, 〈책임자를 처벌하라〉)
뉴스뱅크 77(시험 풍경, 이부제 수업, 겨울철 교실 풍경), 78(탱크에 올라탄 시민들), 79(광주 계엄군과 시민, 6월 민주 항쟁), 80(5·18 민주화 운동 추모 행사), 82(6월 민주 항쟁)
독립기념관 60(옥호루 전등), 76·82(해방)
동북아역사재단 29(수산리 고분 벽화 일부)
동작구청 69(태극기 계양)
문화재청 20(고창 고인돌 유적지), 24(경주 남산 용장사지 마애여래좌상, 대구 동화사 비로암 석조비로자나불좌상), 25(서산 마애여래삼존상, 청양 장곡사 금동약사여래좌상), 29(석굴암 본존불, 석굴암 십일면관음보살입상), 39(월정사 석조보살좌상), 47(전교당, 광명실), 71(탑골 공원 팔각정)
북앤포토 11(옛날 앨범), 29(발해 영광탑, 일본 다카마쓰 고분 벽화), 32(상경성 궁문 자리), 33(발해 석등), 60(개화기 자전거), 61(전화 교환수), 76(오늘날 급식)
서울대학교규장각한국학연구원 35(누백포호), 65(만수성절)
석탄박물관 11(1960년대 월급봉투)
송기호 32(십자가 목걸이를 한 불상), 33(중앙아시아 은화)
연합뉴스 28(당나라 십일면관음, 정효 공주묘 벽화), 73(윤봉길 의사 기념관, 용정중학교 교실)
우정사업본부 23(김수로·주몽·박혁거세 우표)
위키피디아 27(안학3호분 벽화), 28(당나라 대안탑), 29(안동 운흥동 오층 전탑-최옥석, 당나라 고분 벽화, 도다이사 대불-Oren Rozen), 38(수광전 부처상-Steve46814), 39(월정사 탑-(c)한국불교문화사업단·동물 탱화), 46(도산서당-Steve46814), 47(상덕사-Xlargebee), 63(인천역-분당선M), 71(서대문 형무소-awesong, 경복궁-이상곤), 143(돼지오줌보 축구공, 낡은 축구공), 152(제주 4·3-Mchappus12, 전태일 흉상), 80(5·18 민주 묘지-Pioneerhj), 166(수요 시위-Pudmaker)
인천광역시 남동구청 63(소래철교)
토픽이미지스 46(도산서원 전경)
한국관광공사 63(인천개항박물관)
pixta 38(월정사 전경)

* 이 책에 사용한 사진은 박물관과 저작권자의 허가를 받아 게재한 것입니다. 저자 및 출판사가 저작권을 가지고 있는 사진은 출처 표시를 하지 않았습니다. 허가를 받지 못한 일부 사진에 대해서는 저작권자가 확인되는 대로 허가를 받고 사용료를 지불하겠습니다.

질문으로 시작하는
초등 한국사 활동책

1판 1쇄 발행일 2018년 10월 19일
글 한국역사교육학회 **그림** 송진욱, 오승만
펴낸곳 (주)도서출판 북멘토 **펴낸이** 김태완
편집장 이미숙 **편집** 오지숙 **디자인** 안상준 **마케팅** 이용구, 강동균 **사진 진행** 북앤포토 김미영
출판등록 제6-800호(2006. 6. 13.) **주소** 03990 서울시 마포구 월드컵북로 6길 69, IK빌딩 3층
전화 02-332-4885 **팩스** 02-332-4875 **이메일** bookmentorbooks@hanmail.net

ⓒ 한국역사교육학회·송진욱·오승만, 2018

※ 잘못된 책은 바꾸어 드립니다.
※ 이 책은 저작권법에 따라 보호를 받는 저작물이므로 무단전재와 무단복제를 금합니다.
　 이 책의 전부 또는 일부를 쓰려면 반드시 저작권자와 출판사의 허락을 받아야 합니다.

ISBN 978-89-6319-281-9 63910

인증 유형 공급자 적합성 확인 **제조국명** 대한민국 **사용연령** 8세 이상
KC마크는 이 제품이 공통안전기준에 적합하였음을 의미합니다.
종이에 베이거나 책 모서리에 다치지 않도록 주의하세요.